白碧香 *Bi-Hsiang, Pai* 著

帶著聖經去旅行

跟著**摩西**出埃及 （埃及、以色列、約旦）

Travel with Bible
the Path of Moses

TO

_____

God Bless You

FROM

跟著摩西出埃及

1-1
歌珊地
P054-081

1-2
汛曠野
P082-113

1-3
西奈山
P114-155

1-1 歌珊地

巴建姆
بلطيم

拉希德
رشيد

達米埃塔
دمياط

賽德港
بور سعيد

大港
الإ...

迪斯沃克
دسوق

曼索拉
المنصورة

達曼霍爾
دمنهور

大邁哈萊
المحلة الكبرى

伊斯梅利亞
الإسماعيلية

坦塔
طنطا

扎加濟克
الزقازيق

班哈
بنها

10th of Ramadan City
مدينة العاشر من رمضان

蘇彝士
السويس

開羅省
القاهرة

Madinaty
مدينتي

十月六日城
مدينة السادس من أكتوبر

新開羅
مدينة القاهرة الجديدة

Ain Sokhna
العين السخنة

Sinnuris
سنورس

Atfih
اطفيح

法雅姆
الفيوم

Tutun
ططون

بني سويف

Zaafarana
زعفرانة

Biba
ببا

Beshn

EL

Qurqas

維
ابو

Sanabo

曠野漂流四十年

2-1
加低斯
P160-173

2-2
巴蘭曠野
P174-199

2-3
尋曠野
P200-217

往摩押的路程

3-3 望迦南

3-2 得河東

3-1 立銅蛇

2-3 尋曠野

2-1 加低斯

2-2 巴蘭曠野

1-2 汛曠野

1-3 西奈山

3-1
立銅蛇
P222-233

3-2
得河東
P234-267

3-3
望迦南
P268-283

005

基督教／天主教用語對照：出埃及記／出谷記，摩西／梅瑟，歌珊／哥笙，蘭塞／辣默色斯，
瑣安／左罕，比伯實／丕貝色特，疏割／穌苛特，以倘／厄堂，密奪／米革多耳。

第二站
汛曠野

第三站
西奈山

汛曠野 / 欣曠野，伊坦曠野 / 厄堂曠野，瑪拉 / 瑪辣，以琳 / 厄林，脫加 / 多弗卡，利非訂
/ 勒非丁，亞瑪力人 / 阿瑪肋克人，西奈山 / 西乃山，葉忒羅 / 耶特洛，以利亞 / 厄里亞。

基督教 / 天主教用語對照：南地 / 乃革布，加低斯 / 卡德士，巴蘭 / 帕蘭，臨門帕烈 / 黎孟培勒茲，約巴他 / 約特巴達，阿博拿 / 阿貝洛納，以旬迦別 / 厄茲雍革貝爾。

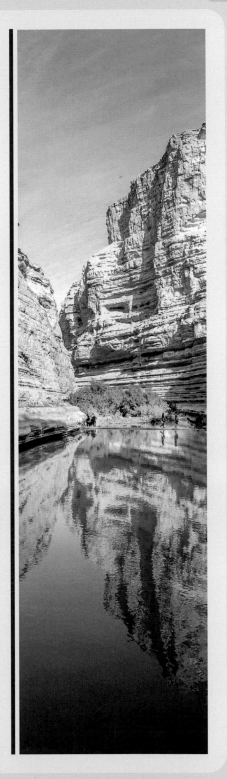

基督教 / 天主教用語對照：普嫩 / 普農，羅得 / 羅特，以東 / 厄東，摩押 / 摩阿布，撒烈谷
/ 則肋得，亞嫩谷 / 阿爾農河，亞摩利 / 阿摩黎，亞珥 / 阿爾，底本 / 狄朋加得。

**第三站
望迦南**

米底巴 / 默德巴，雅謝 / 雅則爾，希實本 / 赫市朋，雅博河 / 雅波克河，亞們 / 阿孟，
亞備勒基拉明 / 阿貝耳革辣明，什亭 / 史廷，尼波山 / 乃波山，施洗約翰 / 洗者若翰。

推薦序之一

欣聞白碧香女士編著的《帶著聖經去旅行》系列書籍陸續出版，廣受好評。目前《帶著聖經去旅行—向應許之地前進（以色列）》已然售罄，準備再刷。而《帶著聖經去旅行—跟著保羅宣教去（土耳其、希臘、義大利）》也於今年五月面世。最近碧香女士再次邀我為此系列第三本書《跟著摩西出埃及》作序，當即慨然允諾。

出埃及是以色列國族的開始，上帝救恩的顯明，是以色列歷史上最重要的事件。三千多年前，摩西帶領以色列民脫離埃及的奴役，經歷上帝的神蹟大能，在西奈山與上帝立約，頒布十誡與律法，在曠野搭建會幕，作為敬拜上帝的中心。西奈山是暫時的聖所，會幕是移動的聖所。可是他們因為信心不足，拒絕進入應許的迦南美地。直到四十年之後，才繞行死海南邊，來到約旦河東的平原。摩西被上帝領到尼波山，隔約旦河谷眺望上帝給選民的應許之地，遺憾至終未能進入迦南美地。

我有幸在 2005 年出版《出埃及記註釋》，在 2019 年又出版《建立新世代—申命記析讀》。前者記載摩西的出生、成長、蒙召、受差與救民。後者記載摩西生平最後一個月，在約旦河東的摩押地（今日約旦首都安曼附近）對以色列民發表訣別演說。我也於 1993、2001 及 2017 年三度實際走訪埃及、以色列、約旦，親身體驗摩西帶領以色列人「出埃及、經曠野、進迦南」的旅程，印證聖經記載與古近東地理的真實。

有關出埃及的年代，學術界有兩種主要的觀點。一個是早期出埃及年代，跟據聖經的記載與考古資料，主張是在公元前 1446 年。另一個是晚期出埃及年代，主要跟據當地一些考古資料的解釋，主張在公元前十三世紀。碧香女士主要引用當地各博物館提供的資訊，按照晚期出埃及年代來解釋。若要明白早期出埃及年代的主要理據，可參考拙作《出埃及記註釋》。

然而儘管出埃及的年代仍有爭議，但是以色列人在埃及的聚居地（尼羅河三角洲）、出埃及的路線（例如：以倘、比哈西錄、哈力洗分）、重要地理位置（例如：西奈山、尼波山）等，則在千百年來早已確認。以往讀者只能憑空想像，現在卻可參照《跟著摩西出埃及》，賞讀碧香女士親自拍攝的精美圖片，精闢解說，如同身歷其境，臥遊寰宇。甚至還可以此書為藍本，規劃未來旅程，此實為不可多得的寶書。謹為序。

賴建國博士

中華福音神學院前院長、現任創欣神學院舊約教授

環球聖經公會駐會學者、《環球聖經譯本》舊約主編

推薦序之二

這是我為《帶著聖經去旅行》系列叢書，撰寫的第三篇推薦序。碧香姊妹延續一貫的風格，以精美的照片、詳盡的地圖，述說以色列人出埃及的旅程。然而，穿越這些圖文扉頁，除了神遊歷史景點，體會以色列出埃及的路程，我更是看見：這一家三口為了聖經地點的考察，不辭辛苦奔走各地，在烈日下行遍曠野，以及碧香姊妹在書桌前殷勤細膩的筆耕。實在難以想像，這家人在沒有金援的情況下，卻能將系列叢書呈現在大家眼前。相信是基督的愛，神的呼召使然吧！

出埃及記的壯闊場景，一直是許多基督徒心生嚮往之處。悠揚尼羅河，乘載著以色列人的哭泣。藍天曠野，述說著全能神的牧養胸懷。摩押山地，記錄著神百姓的得勝凱歌。若不能親自踏上，也要透過此書細細品味！

信主一段時日，因為這本書，讓我有機會重溫舊夢，回顧信仰旅程的點滴。書中的三部曲，恰恰可以說明基督徒的信仰生命：「從西奈到埃及」，神施展大能拯救以色列民，脫離埃及法老的手。同樣的，神也將我們從黑暗權勢、世界的挾制中釋放出來，使我們成為耶和華的百姓、天國的子民。「漂流曠野四十年」，神細心陶塑以色列人，成為信心的族類。如同今日的我們，在生命的曠野中，經歷醫治、蛻變與更新。「往摩押的路程」，是一條得勝的道路，以色列民一路過關斬將，準備得著應許之地。甚願我們也能像王道上的以色列民，天天倚靠主，向仇敵誇勝！

《帶著聖經去旅行—跟著摩西出埃及》不僅是圖文並茂的旅遊書、研經良伴，更是今日基督徒的信仰經歷。若您是信主多年的基督徒，這本書將喚起您起初的愛，重燃信仰的熱情。若您在教會中擔任牧養群羊的職份，更可透過此書，體會初信者的需要，按著基督的旨意，餵養祂的羊。若您是初信的弟兄姊妹，不妨跟著碧香姊妹的文筆，一同走出埃及、行過曠野，在基督裡成為新造的人，活出得勝的生命！

中華民國駐以色列前代表 **季韻聲大使**

推薦序之三

得著永恆生命的心靈自由之旅

靜下來想一想，如果我存了一筆錢或得到一筆意外之財，第一件想要做的是什麼？這樣做，為我的生活、生命將會帶來什麼？這個決定會影響我的信仰嗎？這個在俗世生活所做的決定和永生有什麼關聯？會讓我的生命和神多一點連結嗎？回顧這些問題，如果我可以一一回應、澄清，那麼我已經和神連結並且回應為得到永生該活出的「你要以全心、全靈、全力、全意愛主──你的神」（路加福音 10:27）。

人生就像一個旅程，由這一站到下一站，有些旅程是時間到了自然就進入了，有些是因為他人或環境因素被推進去的，有些卻是自己選擇進入的，如果可以自由選擇，在這一生中走入「聖地」是我的選項嗎？我會選擇去哪裡？怎麼去？我渴望在那裡看到、經驗到什麼？我渴望它會帶給我什麼樣的神聖經驗嗎？

感謝神賜給白碧香姐妹的恩典，使我們再次得以分享她的新著《帶著聖經去旅行─跟著摩西出埃及》，這本書如同前兩冊以文、圖、照片並茂的方式輕鬆地幫助讀者明瞭摩西五經的後四本書，藉由「聖經為經、聖地為緯」，透過地理、歷史、神的話語及個人的信仰反省，寫下這本獨特的神聖旅程，其中濃濃的人文情懷更令人感動。

信仰中如何「看」和「看到什麼」？決定了我如何明瞭和接受神的話語，因此能夠活出不一樣的生命。本書中每一站的敘述都是由「看見」開始，而以「發現心靈感動」結束，在這種架構的導覽解說下，讀者同時也展開和神連結的自我信仰探索之旅，發現自己被神召喚，像以色列人一樣從被世俗的奴役中得到自由，發現生活中一些重要的經驗，讓自己探索聚焦在某些生活的轉向上，在那裡發現自己被召喚與神發展親密關係，幫助我的視野和神的互動變得更為遼闊和具有彈性，這些覺察會幫助自己跟他人與神有更自在的相處，回顧時看到神眼中的我是「因我看你為寶為尊」（賽 43：4a），而勇敢繼續走自己的「出埃及記」。

光啓文化事業社長　**甘國棟神父**

推薦序之四

跟著摩西出埃及，是碧香《帶著聖經去旅行》系列的第三本書，就像她寫書的歷程，我和碧香的認識、寫推薦序，都在神一步步的計畫與恩典之中。

開啟和碧香的連結，是華神建宏學長在群組貼出他看了上一本《跟著保羅宣教去》的心得感動。當時全球疫情大爆發，所有聖地旅遊團都取消，碧香的書是有亮點的報導題材，除了不出國卻能身歷其境，書中涵蓋歷史、地理與相關聖經內容，且融入作者在篇章段落的「發現心靈感動」，如神對我們的心說話，釋放潔淨與更新靈命的大能，甚至幫助基督徒因神遊聖地、快樂讀經，建立穩定的靈修生活。

透過建宏學長的連結，碧香接受我們今日報記者的專訪，之後報導刊出，從碧香生命的奇妙歷程，見證她是被神特別揀選，為要完成這個神聖的使命：以「聖經為經、聖地為緯」的書籍，帶著讀者穿越古今，明白神對基督徒的獨特心意。

走訪實地拍攝、蒐集豐富的聖經場景照片，是《帶著聖經去旅行》系列書籍的特色。碧香曾經歷如「戰地記者」的冒險，而為了這本《跟著摩西出埃及》，她在西奈半島，因吃了蒼蠅不斷搶食的鵪鶉肉，引起嚴重腹瀉，切身體驗以色列人漂流曠野的艱辛。每一張珍貴照片的背後，看到的是碧香與先生，忠心勞苦的佳美腳蹤，但也由於真實體驗以色列人「出埃及、入曠野、進迦南」的旅程，透過文字與照片的導遊，引領讀者共同經歷屬靈生命的蛻變與更新。

我很幸運在這本書出版前，成為第一位讀者。建議你可以和我一樣，打開聖經，一邊讀「出埃及記」，一邊看著書中聖經地點實景，想像力會帶你穿越時空，身歷其境以色列人走出奴役、進入曠野的旅程，一行行的經文頓時鮮活起來，很快你就能「出埃及」，繼續津津有味讀完利未記、民數記與申命記。因著時空交織的閱讀體驗，這三卷書不再是難懂與耐心的挑戰，而是充滿靈裡的激盪與感動。

基督教今日報　唐德蓉執行長

前 言

走出奴役之地、接受曠野淬煉、準備得地為業

每次閱讀出埃及記，常常會閉上眼睛，勾勒著壯闊的聖經場景、偉大的神蹟，總是希望有一天能夠親訪以色列人出埃及的聖經地點。感謝主！在中東國家和平的間歇期，帶領我們的腳步走過埃及的歌珊地、西奈半島，以色列南地與約旦河東地，讓我們真實的體驗以色列人「出埃及、入曠野、進迦南」的奇妙旅程，對於摩西五經中的出埃及記、利未記、民數記、申命記，有更深刻的認識。

進行出埃及記的聖地考察時，首先面臨的就是年代與路線的問題。由於我們是「帶著聖經去旅行」，目的在於體驗以色列人出埃及的旅程，並非進行學術性的考古研究，因此在年代的處理上，我們採用以色列博物館陳列文物的時間軸，以西元前 13 世紀作為以色列人「出埃及、入迦南」的年代時間，在路線上採用傳統觀點作為我們踏查的方向。此外，以色列人出埃及漂流曠野的聖經地名，有些是依據當時以色列人所發生的事件命名，但是現代的當地居民並沒有沿用古地名稱呼這些地方，特別是在埃及、西奈半島與約旦河東地，所以查考地名時出現實際的困難，無法定出精確的聖經地點。因此我們只能就路線經過的區域地理來認識聖經場景，透過地形、氣候、動植物的分布，感受以色列人「離開埃及、漂流曠野」的艱辛旅程。

這是一個體驗式的旅程，當我們走出埃及、行在曠野時，真實的感受以色列人離開埃及、漂流曠野的心情，藉此也回應我們的屬靈生命，經歷內在的蛻變與更新。我們願將這一份真實的感動與您分享，於是展開寫作任務，經過一年多來的實地考察、閱讀撰寫，終於將《帶著聖經去旅行－跟著摩西出埃及》呈現在您眼前！我們不僅親自踏上出埃及記、利未記、民數記、申命記所記載的聖經地點，更是走訪大英博物館、法國羅浮宮、以色列博物館與聖經地博物館、約旦安曼考古博物館，土耳其伊斯坦堡考古博物館、安那托利亞文明博物館、Bodrum 城塞

博物館，與埃及法老村……等，蒐集相關的考古文物，期待藉此看見以色列人在埃及的生活場景，以及曠野旅程的種種點滴。**書中的每一張照片以及聖地資訊，都是我們實際走訪、親手拍攝、實地蒐集的第一手資料**，相關圖表是參閱資料繪製而成，我們盼望能交織還原以色列人出埃及的時空環境，幫助您在閱讀出埃及記、利未記、民數記、申命記時，有身歷其境的感動。

　　《帶著聖經去旅行─跟著摩西出埃及》的地理範疇涵括今日的埃及、以色列、約旦等國，我們將以「聖經為經、聖地為緯」：從**看見聖地風貌**開始，認識出埃及記、利未記、民數記、申命記的聖經場景；透過**聽見土地故事**，尋找以色列人出埃及與漂流曠野的足跡，我們提供背景知識、照片資料，幫助您一窺舊約時代出埃及記的樣貌，貼近以色列人漂流曠野的情境，理解聖經信息。最後**發現心靈感動**，從出埃及記、利未記、民數記、申命記的經文信息與聖經地點的激盪中，看見基督徒生命的轉變，領受神對於今日基督徒的獨特心意。本書摘要如下：

序曲
▶從**舊約背景**，看見世界的價值體系和以色列人寄居埃及的生活場景。

第一篇　從埃及到西奈
▶在**埃及與西奈半島**，讓我們一起進入**出埃及記、利未記、民數記一～十二章**，看見神大能的手，如何帶領以色列百姓走出奴役之地。

第二篇　曠野漂流四十年
▶在**以色列南地**，讓我們一起進入**民數記十三～二十章**，觀看以色列百姓如何接受曠野的淬煉。

第三篇　往摩押的路程
▶在**約旦河東地**，讓我們一起進入**民數記廿一～卅六章、申命記**，觀看以色列百姓如何成為耶和華的軍隊，準備得地為業。

結語　從得救到得勝
▶讓我們一起透過以色列人**出埃及、入曠野**的旅程，看見現代基督徒的生命轉變。

從出埃及記到申命記的旅程，包括埃及的歌珊地、西奈半島、以色列南地、約旦河東地，這些聖經地點大多位於曠野，需要有當地嚮導協助帶領，並且使用四輪傳動的吉普車才能進入，自助旅行有實質上的困難。盼望此書能成為您的眼睛與雙腳，協助您們真實看見以色列人「出埃及、入曠野」的不凡經歷。

跟著摩西出埃及，這是一場與眾不同的聖地經驗，何等恩典讓我們能夠循著舊約先知摩西的腳蹤，看見以色列人走出埃及的美好！現在我們也誠摯的邀請您一同《帶著聖經去旅行－跟著摩西出埃及》，願聖靈透過聖經與聖地，親自帶領我們走出奴役之地、接受曠野淬煉、準備得地為業！

白碧香 寫於 Anatolia

Ain Khudra 綠洲（基博羅哈他瓦，Kibroth Hattaavah），白色峽谷底部是一條鋪滿細沙的蜿蜒通道，
摩西帶領以色列百姓離開西奈山可能經過此地前往以色列的巴蘭曠野。

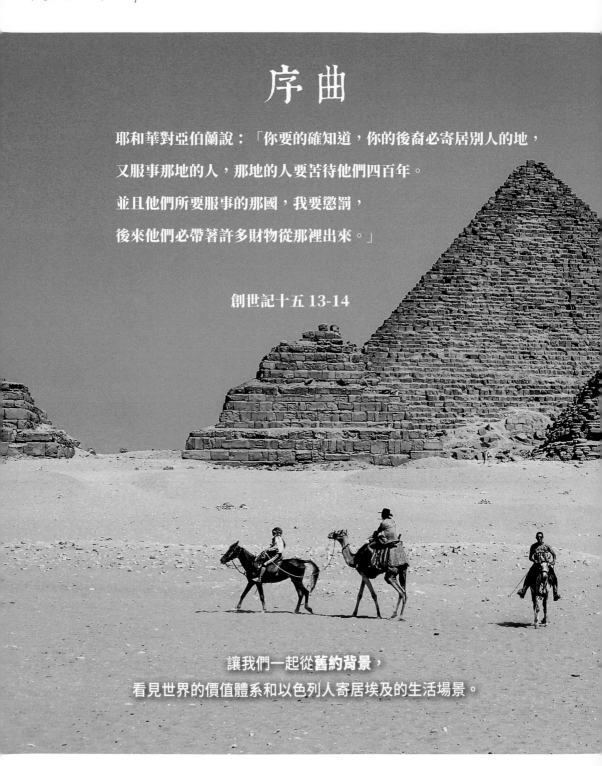

序 曲

耶和華對亞伯蘭說：「你要的確知道，你的後裔必寄居別人的地，

又服事那地的人，那地的人要苦待他們四百年。

並且他們所要服事的那國，我要懲罰，

後來他們必帶著許多財物從那裡出來。」

創世記十五 13-14

讓我們一起從**舊約背景**，
看見世界的價值體系和以色列人寄居埃及的生活場景。

◆ 圖／吉薩金字塔群。

看見埃及

以色列人出埃及的歷史佔了摩西五經的後四卷書，這首壯闊的史詩在亞伯拉罕時期，神就已經預言並且賜下應許：「**你要的確知道，你的後裔必寄居別人的地，又服事那地的人，那地的人要苦待他們四百年。並且他們所要服事的那國，我要懲罰，後來他們必帶著許多財物從那裡出來。**」（創十五 13-14）。可見出埃及的故事在神的劇本中，早已寫下結局。以下我們就從**尼羅河是生命之源**、**古埃及的信仰與王權**、**以色列人寄居埃及**等面向，認識以色列人寄居埃及的歷史年代與生活場景，揭開舊約出埃及記偉大史詩的序曲！

尼羅河底比斯附近，農地與沙漠的耕作線。

尼羅河是生命之源

◆ 圖／尼羅河上的觀光船。

　　首先我們來到尼羅河（Nile River），它是埃及的生命之源，不僅影響埃及的**農耕文化**，更提供古埃及人的**生活需要**，也成為**埃及稅制**的依據。

一、農耕文化

尼羅河的源頭有兩處，白尼羅河與藍尼羅河，藍尼羅河是混濁的河水，飽含泥沙和養分，將衣索匹亞高原肥沃的表土，帶到埃及。藍尼羅河與白尼羅河匯流後，流速漸緩，泥土沿途分配，河道兩岸成為肥沃的農耕地。埃及因為有尼羅河的定期氾濫，帶來灌溉的水源與肥沃的河泥，在沙漠中展露生機，農人們挖掘渠道，引水灌溉農田，種植小麥、稻米與各樣蔬果，發展出農耕文化，帶來豐富的物產，使埃及成為古代農業大國。沒有灌溉渠道之處，就是一片沙漠，從空中鳥瞰尼羅河的兩旁，可以清楚望見農地與沙漠的耕作線。

古代尼羅河定期氾濫，理想值是氾濫期的水位要高於枯水期 27 呎（feet），若超過 3 呎，就會催毀村莊，若低於三呎，就會帶來饑荒。在亞斯文（Aswan）水壩附近，有古代埃及測量尼羅河水位的刻度。尼羅河氾濫期的水位是農人收成的關鍵，影響著埃及的豐年與荒年（創四十一 53-54）。

歌珊地（Goshen）位於尼羅河三角洲，是當時埃及肥美的農耕地，埃及的農耕地只佔全埃及的 5%，歷代法老不願意浪費寶貴的農耕地，都將陵墓修建在沙漠中。此外，埃及人大多是農夫，農夫不喜歡牧羊人，因為會踐踏農地、破壞穀物。希伯來人是牧羊的，恐怕遭來埃及人的憎恨（創四六 34）。根據創世記的描述，埃及法老恩待約瑟的父兄全家，將蘭塞境內的歌珊地賞賜給約瑟的家人，作為希伯來人的產業，使希伯來人聚居於此，避免埃及人與希伯來人的農牧爭端，足顯王的厚意（創四十七 6-11）。

▲仿古代打水工具（拍自埃及開羅法老村）。
▼仿古代農耕畜牧生活（拍自埃及開羅法老村）。

▲尼羅河三角洲，現代灌溉渠道與農田。
▼ Luxor 神廟壁畫，獻祭食物清單。

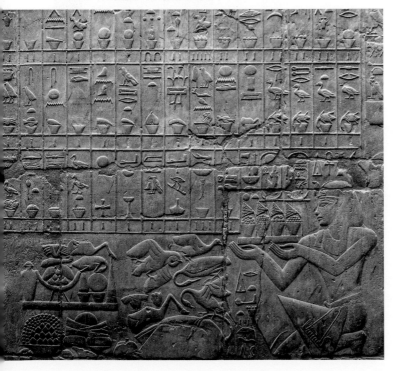

埃及的農人除了種植穀物之外，還有栽種豐富的蔬菜水果，玉米、青蔥、韭菜、椰棗、各樣瓜果……等。加上河水帶來生物的多樣性，魚、雞、鴨、鵝、牛、羊……等，今日在河道兩岸不僅可以看見多樣的農耕活動，從神廟與墓室壁畫中，也能發現古代埃及人的飲食生活。以色列人在埃及的生活，衣食飽足，極為舒適，不僅吃得飽，更是吃得好！難怪以色列人出埃及之後，天天吃嗎哪，沒有其他的食物選項，於是抱怨食物沒有味道，開始想念埃及豐富的飲食（民十一 4-6）。

二、生活需要

尼羅河不僅餵飽人們的肚腹，更是滿足古代先民的生活需要。河泥除了成為肥沃的田土，還可以和草作磚、踩泥作陶。泥磚是古代埃及的基本建材，使用尼羅河的河泥，和上乾稻草，經過曝曬，做成泥磚，用來建造一般民房、積貨城與皇室宮殿。踩踏後的河泥，就能成為陶土，經過拉坯塑形、窯烤燒製，生產陶器。陶器是古代儲存油、酒、穀物的容器，一般人家以陶器儲物，航海通商也運用陶罐裝載貨品，如同今日的貨櫃，進行運輸貿易。尼羅河的河畔長滿蒲草，採集蒲草曬乾後可以編織草鞋、置物籃，經過加工還可以製作成紙張，成為古代書記官的文書材料。

▲古埃及儲物陶罐（收藏於法國羅浮宮）。

▲尼羅河畔的蒲草，蒲草紙的原料（拍自埃及開羅法老村）。

▲底比斯 Karnak 神廟的泥磚建築。

▲仿古代蒲草紙的製作過程（拍自埃及開羅法老村）。

三、埃及稅制

仿古代稅吏與穀倉（拍自埃及開羅法老村）。

由於尼羅河定期氾濫，造就穀物收成的可靠性與穩定性，發展出古代埃及的徵收稅制。埃及稅制主要以徵收穀物爲主，埃及法老差遣官員每年丈量全國農地，並且按照農田大小與河水上漲的高度來計算稅收，稅吏就是憑此標準估算稅額。由此可以想像創世記中，法老交付約瑟管理埃及全地，在豐年時向全國徵稅納糧的情形（創四十一 47-49）。

現代歌珊地的穀物農田。

古埃及的信仰與王權

◆ 圖／埃及諸神壁畫（拍自底比斯工人之家的小神廟）。

一、古埃及人的宗教信仰

尼羅河帶給埃及人穩定可靠的生活，逐漸發展出人跟自然和諧共存的宇宙觀，形塑古代埃及成為宗教性的民族。埃及人將天地萬物視為神明，管轄自然萬物，法老的任務就是向諸神獻祭，通過祭祀活動討神喜悅，祝福埃及。埃及人想要掌控自然，同時也敬畏自然，只不過他們崇拜的不是神本身，而是神的能力，這種崇拜自然的多神信仰，與華人拜拜祈福的心態很類似。

日出日落，帶給埃及人重生的死亡觀。由於日出東方，所以尼羅河的東岸是日常生活之處；日落於西，尼羅河的西岸就是死亡之地，也象徵重生。基於這樣的觀點，埃及人將神廟祭殿、帝王陵墓建造在尼羅河西岸，今日在路克索、尼羅河的西岸，可以看見大量的神廟建築，以及帝王谷的墓葬遺蹟。

對埃及人的來說，死亡是一種搬家的過程，是將今生的生活搬到來生，因此埃及法老會將自己生前所喜愛的物品全數搬進墓室，於是發展出豐富的墓葬文化。通常法老即位後，便著手進行墓地建築計畫，古王國時期的金字塔、新王國

時期的帝王谷，就是埃及皇陵的代表作。此外為了預備來生所需的物品，墓室牆面繪製理想的生活景象，並且準備豐富的陪葬品，舉凡金器、飾品、生活器具、木製家具、馬車弓箭……等，這些陪葬品引來古今盜墓者的覬覦，許多墓穴早已被洗劫一空，唯一倖存不被破壞的是新王國時期的圖坦卡門，可能是這位法老英年早逝，在歷史上沒有名氣，所以不被注意。雖然如此，他的陪葬品仍然相當豐富可觀，目前相關文物收藏在埃及開羅博物館。由於開羅博物館全館不能拍照攝影，因此我們只能拍攝法老村的模仿品，讓大家略窺一二。

　　古埃及人認為來生需要一個身體，於是法老死亡後，祭司將法老的遺體精心製作成木乃伊，作為來生要用的身體。聖經中記載雅各與約瑟死後，以色列人用香料薰他們的遺體（創五十 1-3，五十 25-26），這種是埃及皇族與貴族保存遺體的特有方式，並非迦南風俗。以色列人保存雅各與約瑟的遺體，為是要將他們帶回迦南地安葬，這是希伯來人落葉歸根的概念，而非古代埃及預備來生的宗教觀。

仿圖坦卡門的墓葬文物（拍自埃及開羅法老村）。

二、法老是秩序的維護者

Medinet Habu 蘭塞三世神廟，法老祭祀壁畫。

尼羅河帶來肥沃的河泥與灌溉的水源，使埃及發展成農業大國，農業帶來財富，財富建造帝國，帶動古埃及的文明發展。古埃及人抱持人神互動的宇宙觀，希望透過祭祀活動，確保尼羅河穩定的泛濫、太陽恆定的起落、自然萬物和諧共存，帶來穩定無災的生活。於是古埃及人對穩定生活的渴求，寄望於法老，埃及法老成為人神之間的代言人，如同祭司的身分，透過各樣的祭祀活動，得到諸神的庇護與祝福，確保自然穩定的運轉。人民也將統治保護的權力交付法老，形塑古代中央集權國家，法老肩負祭祀與統治的責任，不僅維持自然界的次序，也掌握治理國家的權柄，在古埃及人的心中，埃及法老不僅是他們的王，更是地上的神祇。

基於這樣的宗教觀，古埃及人在底比斯建造各樣神廟祭殿，祭祀眾神與死去的法老，在 Karnak 神廟的聖道上，可以看見代表阿蒙神的羊石雕下，站立著法老的形象，這象徵法老受阿蒙神的庇護，百姓聽從法老也能得到阿蒙神的祝福。另外，在蘭塞三世神廟的內牆上，雕刻著法老向眾神獻祭的圖樣，充分表達古埃及的宗教觀，法老是自然秩序的維護者。

偉大的建築計畫是王權的張顯，埃及的財富與權力全部集中在法老身上，法老調度國內的人力、物力，進行大型建案，或是軍事遠征、貿易活動。

首先來看大型建案，埃及人大部分是農夫，當尼羅河氾濫時，淹沒農田無法耕作，此時農人們必須等候河水退去才能播種耕地。這段農閒時期，他們成為法老的建築工人，為法老建造神廟、祭殿與陵寢。古埃及人認為雕像、神廟、祭殿、金字塔、方尖碑象徵永恆，所以使用石材，採石場位於亞斯文（Aswan），透過尼羅河運送到建地。

▲ Karnak 神廟，聖道上的石雕。
▼帝王谷旁的工人之家。

　　一般民宅、法老宮殿、城市建築，則使用泥磚，目前考古學家在底比斯的帝王谷旁，挖掘到工人之家的遺跡，就是典型的民宅建築，這裡是古代造墓工人的居住地，由法老提供住處與薪水，招募工人為法老建造陵墓。工人之家可說是古代的藝術村，居住在此的工匠是專業藝術人員，負責雕刻彩繪裝飾法老墓室，村落旁設有小神廟，是工匠們祭祀崇拜之處。我們可以在小神廟看到建材的差異，神廟主體使用石材，神廟外的圍牆則使用泥磚，再次顯示埃及人的信仰建築觀。無論是採石搬運、開鑿墓穴、雕刻石材、豎立廊柱、彩繪裝飾，或是製作泥磚、堆砌成屋，都需要投注大量的人力與物力，如此傾全國之力只為一個人的祭殿陵墓，足見埃及法老的權勢。

工人之家的小神廟，神廟主體使用石材，神廟外圍的圍牆則是泥磚。

埃及是古代的農業大國，法老將過剩的穀物糧食輸出，透過貿易活動進口香料珍寶：從迦南輸入乳香、蜂蜜、香料，從黎巴嫩輸入香柏樹，從努比亞輸入黃金，從非洲輸入象牙，成為埃及皇室的奢侈品。古王國的 Sneferu 法老、新王國的 Hatshepsut 女王都曾特遣埃及商隊，進行國際貿易。此外在創世記中雅各遣眾子到埃及要糧時，特別預備上好的乳香、蜂蜜、香料、沒藥、榧子、杏仁作為禮物（創四十三 11），可見埃及與黎凡特地區密切的互動關係。今日在帝王谷的墓穴壁畫中，可以看見敘利亞商人的形像，在土耳其 Bodrum 城塞博物館，可以看見青銅器中晚期的沈船文物，考古發現這些貨品是要運往埃及皇室的商船，足見古代埃及與黎凡特地區頻繁的貿易關係。

▲敘利亞商人的形象（拍自帝王谷蘭塞三世墓穴壁畫）。
▼青銅器中晚期的商船模型（土耳其 Bodrum 城塞博物館）。

三、古代埃及王朝的更迭

　　古代埃及歷經古王國、中王國、新王國等不同時期，埃及法老的權力也因為祭司體系的崛起，而有所不同。今日我們在埃及所見的遺跡，大多為古王國和新王國的作品，古王國就是金字塔，新王國就是底比斯的神廟祭殿與帝王谷。

古王國時期（Old Kingdom Period，2686-2181BCE）

古王國時期的法老有至高無上的統治權，也是埃及的大祭司。其中幾位著名的法老：Narmer 法老統一上下埃及，定都於孟菲斯（Memphis）。Djoser 法老建造階梯金字塔，由宰相 Imhotep 設計建造，階梯金字塔是第一座石造建築，象徵從泥磚建築邁向石材的里程碑。Sneferu 法老是第一個成功建造金字塔的法老，他的繼任者 Khufu 更將金字塔的建築推向高峰。Sneferu 法老同時

Djoser 法老的階梯金字塔。

Sneferu 法老的變形金字塔與紅色金字塔。

也是開創埃及國際貿易的第一人，他從努比亞進口黃金，從黎巴嫩進口香柏木，並差派礦工到西奈山開採礦石，這些奇珍異寶，製作成各樣精美的家具飾品，奠定埃及藝術的水準。到了古王國末期，政治陷入內亂，稱之為第一過渡期（First Intermediate Period，2181-2055BCE）。

Khufu 金字塔。

中王國時期（Middle Kingdom Period，2055-1650BCE）

中王國興起，結束第一過渡期政治紛亂的局面，再度統一上下埃及，定都底比斯（Thebes，今日名為 Luxor）。此時期延續古王國的藝術傳統，所建的金字塔大多崩壞，但是擁有豐富的文學創作。中王國末期，閃族許克索斯人（Hyksos）入侵尼羅河三角洲，占領下埃及，古埃及帝國分裂成上下埃及。下埃及由許克索斯人統治，他們在尼羅河三角洲建立首都 Avaris。許克索斯人帶來革命性的軍事技術，傳入複合式弓箭、馬和戰車，與上埃及相互抗衡，此時稱為第二過渡期（Second Intermediate Period，1650-1550BCE）。這段時間也是約瑟被賣，雅各全家下到埃及開始寄居的日子。

中王國時期 Senworsret III 雕像，12 王朝 1874-1855BCE（收藏於大英博物館）。

新王國時期（New Kingdom Period，1550-1069BCE）

新王國 Ahmose I 法老趕除許克索斯人，統一上下埃及，定都底比斯（Thebes，今日名爲 Luxor）。此時爲避免盜墓掠奪，帝王陵墓建造在隱蔽的帝王谷。新王國時期幾位著名的法老有：第 18 王朝 Hatshepsut 女王展開貿易活動、Thutmose III 大舉軍事擴張，埃及國勢蒸蒸日上。此時期由於祭司體系興起，削弱了法老的經濟權，於是 Akhenaten 進行宗教改革，獨尊太陽神爲一神信仰，引來原本祭司體系的反對與政治動盪，特別是底比斯阿蒙神廟的祭司群。到了他的繼任者圖坦卡門（Tutankhamun）爲了維持政局穩定，恢復原本的多神信仰。然而，圖坦卡門早逝，他的王后寫了一封書信給赫梯國王，請求他派一位王子來到埃及與她結婚，並且成爲埃及法老。赫梯（Hittite，又譯西臺）是位於土耳其安那托利亞高原的古代帝國，赫梯國王想要透過政治聯姻達到掌控埃及的目的，欣然同意這椿婚事，然而赫梯王子在路程中失蹤遭害，此事引爆埃及與赫梯的戰爭。

Hatshepsut 女王祭殿。

仿古代底比斯阿蒙神廟的祭司
（拍自埃及開羅法老村）。

Akhenaten 時代崇拜太陽神壁畫（收藏於法國羅浮宮）。

　　到了第 19 王朝，塞提一世（Sati I）在尼羅河三角洲 Avaris 建立夏宮，這裡原是許克索斯人入侵埃及的首都，蘭塞二世（Ramesses II）為了與小亞細亞的赫梯帝國爭霸，將首都從孟菲斯遷至尼羅河三角洲的 Avaris，並建設蘭塞之家，就是聖經所提到的蘭塞城。埃及法老蘭塞二世與赫梯國王 Muwatalli II 為爭奪黎凡特的統治權，在卡迭石（Kadesh）發生戰役，雙方都未能取得絕對性勝利。戰後赫梯國王 Muwatalli II 病逝，由 Hattusili III 與埃及法老蘭塞二世訂定和平條約，此外埃及與赫梯兩位王后合力促成蘭塞二世迎娶赫梯公主，結束赫梯與埃及在黎凡特的爭霸，兩國邁入和平時期。今日在底比斯 Karnak 神廟外牆刻畫有卡迭石戰役的情景，兩國的和平條約，一份收藏於土耳其伊斯坦堡博物館，一份銘刻在埃及底比斯 Karnak 神廟的外牆，兩國王后的書信泥板，收藏在土耳其安那托利亞文明博物館。

卡迭石戰役（Battle of Kadesh），刻畫在底比斯 Karnak 神廟外牆。

▲埃及與赫梯兩位王后的書信，促成蘭塞二世迎娶赫梯公主的關鍵人物（收藏於土耳其安那托利亞文明博物館）。

▲埃及與赫梯的和平條約，刻畫在底比斯 Karnak 神廟外牆。
▼埃及與赫梯的和平條約，為赫梯帝國所有（收藏於土耳其伊斯坦堡考古博物館）。

　　蘭塞二世的繼任者 Merenptah，曾對外發動戰役，並且將戰功銘刻在石碑中，碑文中出現以色列字樣，這是以色列的名稱首次正式記載在埃及的歷史文件。到了第 20 王朝來自希臘的海上民族（Sea People）入侵埃及沿海地區，蘭塞三世（Ramesses III）發動戰爭擊退海民，這群海民入侵埃及不成，於是轉而東進，佔領黎凡特地區，沿海建城定居，就是舊約時代的非利士人，所建造的海岸城市又稱非利士五城。他們與以色列人約莫在同一個時期進入黎凡特地區，在士師時代成為以色列的勁敵。蘭塞三世與海民的戰役刻劃在底比斯蘭塞三世神廟的外牆，我們對非利士人形象的認識，也是從神廟外牆的浮雕而來。

▲埃及法老蘭塞三世與海民的戰役，刻畫在底比斯蘭塞三世神廟外牆。

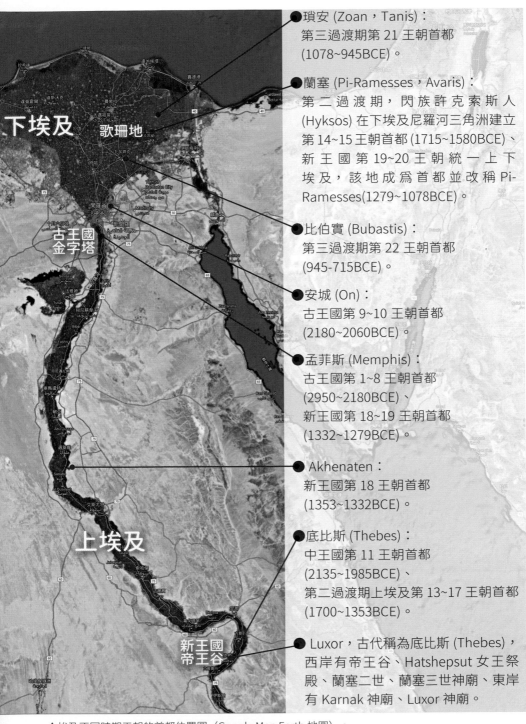

下埃及

歌珊地

古王國
金字塔

上埃及

新王國
帝王谷

● 瑣安 (Zoan，Tanis)：
第三過渡期第 21 王朝首都
(1078~945BCE)。

● 蘭塞 (Pi-Ramesses，Avaris)：
第 二 過 渡 期，閃 族 許 克 索 斯 人
(Hyksos) 在下埃及尼羅河三角洲建立
第 14~15 王朝首都 (1715~1580BCE)、
新 王 國 第 19~20 王 朝 統 一 上 下
埃 及，該 地 成 為 首 都 並 改 稱 Pi-
Ramesses(1279~1078BCE)。

● 比伯實 (Bubastis)：
第三過渡期第 22 王朝首都
(945-715BCE)。

● 安城 (On)：
古王國第 9~10 王朝首都
(2180~2060BCE)。

● 孟菲斯 (Memphis)：
古王國第 1~8 王朝首都
(2950~2180BCE)、
新王國第 18~19 王朝首都
(1332~1279BCE)。

● Akhenaten：
新王國第 18 王朝首都
(1353~1332BCE)。

● 底比斯 (Thebes)：
中王國第 11 王朝首都
(2135~1985BCE)、
第二過渡期上埃及第 13~17 王朝首都
(1700~1353BCE)。

● Luxor，古代稱為底比斯 (Thebes)，
西岸有帝王谷、Hatshepsut 女王祭
殿、蘭塞二世、蘭塞三世神廟、東岸
有 Karnak 神廟、Luxor 神廟。

▲埃及不同時期王朝的首都位置圖（Google Map Earth 地圖）。

圖／現代的歌珊地牧羊人。

認識了古代埃及的地理農作、宗教文化與王朝歷史後，我們將視角轉向摩西五經，看見以色列人**從寄居到離開埃及**的年代背景，與**出埃及記的聖經場景**。

一、從寄居到離開埃及

聖經歷史並非獨立於世界歷史之外，以色列人出埃及的事件，在古代歷史中確有其事，也確有其人。我們嘗試在今日所知的歷史資訊與考古發現，看見出埃及記的歷史舞台。

重回以色列人出埃及的歷史舞台，首先要面臨的就是年代問題。出埃及的史實是猶太民族的重要事件，以色列博物館陳列考古文物時，將 1200BCE 也就是西元前第 13 世紀，作為以色列人定居迦南的年代。由於我們是「帶著聖經去旅行」，目的在於體驗以色列人出埃及的旅程，並非進行學術性的考古研究，因此我們選擇以色列博物館陳列文物的時間軸，將出埃及的時間界定為西元前 13 世紀，作為敘寫本書的年代依據，便於讀者進行聖地考察時，與以色列博物館的年

代一致,不至於混淆。以下是以色列人「從寄居到離開埃及」的歷史事件與年代
背景:

創世記亞伯拉罕族長時代:埃及中王國時期。

亞伯拉罕曾帶著家人下到埃及躲避饑荒,埃及臣宰誇讚撒拉貌美,就把撒拉
帶進法老宮殿,不久神降災於法老全家,法老才知道撒拉是亞伯拉罕之妻,
遂將撒拉送回(創十二 10-20)。當時亞伯拉罕所遇見的法老應當是中王國時期
的法老王。爾後神啟示亞伯拉罕:「你要的確知道,你的後裔必寄居別人的地,
又服事那地的人,那地的人要苦待他們四百年。並且他們所要服事的那國,我要
懲罰,後來他們必帶著許多財物從那裡出來。」(創十五 13-14)。可見以色列
人出埃及的事件,早在亞伯拉罕時代,神已經預言,並且賜下應許。

約瑟被賣、雅各家遷居埃及:埃及第二過渡期。

中王國末期,來自迦南的閃族許克索斯人(Hyksos)入侵尼羅河三角洲,進
入第二過渡期。此時埃及分裂成上埃及與下埃及,下埃及由許克索斯人統
治。約瑟被賣到埃及,成為埃及的宰相(創四一 41-43),爾後雅各率眾子寄居
埃及(創四六 2-7),就是居住在閃族許克索斯人統治的下埃及。同為閃族的許
克索斯人,善待以色列人,給與蘭塞境內最好的歌珊地作為雅各全家的產業(創
四七 11)。於是以色列人開始寄居埃及,生養眾多、極其強盛、滿了那地(出一
6-7)。

以色列人寄居埃及四百年:從第二過渡期到新王國第 18、19 王朝。

以色列人寄居埃及四百年,從許克索斯人統治的第二過渡期到新王國時期。
西元前第 16 世紀起,有不認識約瑟的新王起來(出一 8),埃及第 18 王
朝的 Ahmose I 法老趕除許克索斯人,統一上下埃及,開啟了埃及新王國時期。
由於許克索斯人入侵埃及的歷史背景,18 王朝的法老將同為閃族的以色列人視為
外族,開始奴役以色列人。

以色列出埃及進入迦南地：埃及新王國 19、20 王朝。

西元前 13 世紀進入新王國的第 19 王朝，當時塞提一世在尼羅河三角洲的 Avaris 建造夏宮，到了法老蘭塞二世（Ramesses II）為了與赫梯爭霸，搶奪黎凡特的控制權，將首都移至尼羅河三角洲的 Avaris，並將他的宮殿稱為蘭塞之家。當時埃及法老苦待以色列人，命令他們為法老建造蘭塞與比東兩座積貨城（出一 11）。神看見以色列人在埃及的困苦，聽見他們的哭求，於是揀選摩西帶領以色列人出埃及（出三 7-10）。

埃及與赫梯在卡迭石戰役之後，簽訂和平條約，埃及法老迎娶赫梯公主，兩國進入和平時期。此後埃及法老蘭塞二世將精力轉向神廟建築，在國內大興土木，傾全國之力建造神廟祭殿。蘭塞二世死後，埃及國力衰退，對西奈半島與黎凡特的控制力下滑，以色列人得以在西奈半島、以色列南地的政治三不管地帶漂蕩紮營。此外，北方的赫梯帝國國力凋零，無暇管理黎凡特事務，於是黎凡特地區進入政治真空時期，原本居住在當地的亞摩利人、耶布斯人、希未人……等，建立城邦自立為王，迦南地成為小國城邦的政治狀態，是約書亞帶領以色列人過約旦河得地為業的大好時機。

以色列人進入迦南地的同時，來自希臘的海民（Sea People）也從地中海尋覓新的根據地，他們入侵埃及沿海地區，埃及第 20 王朝的法老蘭塞三世（Ramesses III）成功抵禦外侮，並且將這場戰役刻畫在底比斯蘭塞三世神廟

底比斯 Luxor 神廟，前方為蘭塞二世雕像。

外牆。海民入侵埃及不成，轉而進入黎凡特的沿海地區，建立海岸城市，這些海民就是舊約時代的非利士人，他們沿海所建的城市稱之為非利士五城，與定居迦南地的以色列人相互對抗。

▲蘭塞二世祭殿。
▼底比斯 Karnak 神廟，主要供奉太陽神阿蒙－拉，由蘭塞二世完成建築主體及著名的百柱廳。

二、出埃及的聖經場景

摩西五經中，除了創世記之外，其他書卷如出埃及記、利未記、民數記、申命記皆是描述以色列人離開埃及、漂流曠野、準備進入迦南地的奇妙旅程。綜觀以色列的旅程，大致可以分成三個階段，這也是本書分定章節依據：

從埃及到西奈

故事場景主要發生在**埃及與西奈半島**，事件內容記載在**出埃及記、利未記、民數記一～十二章**。描述神呼召摩西帶領以色列人離開埃及，並且在西奈山賜下十誡、頒布律法、建造會幕，選召以色列成為神的百姓。

曠野漂流四十年

故事場景主要發生在**以色列南地**，事件內容記載在**民數記十三～二十章**。描述摩西差派探子窺探迦南地，以色列人聽取探子惡信，沒有信心得地為業，於是以色列人進入南地曠野漂流四十年。

往摩押的路程

故事場景主要發生在**約旦河東地**，事件內容記載在**民數記廿一～卅六章、申命記**。描述以色列人再次來到加低斯，向摩押山地前進，一路上過關斬將，準備過約旦河進入應許之地。

關於出埃及的路線，本書採用大多數人贊同的傳統觀點，作為我們踏查體驗的方向。以色列人出埃及漂流曠野的聖經地名，有些是依據當時以色列人所發生的事件命名，但是現代的當地居民並沒有沿用古地名稱呼這些地方，特別是在埃及、西奈半島與約旦河東地，所以查考地名時出現實際的困難，無法定出精確的聖經地點。因此我們只能就路線經過的區域地理來認識聖經場景，透過地形、氣候、動植物的分布，感受以色列人「離開埃及、漂流曠野」的艱辛旅程。

▲**出埃及記、利未記、民數記、申命記**聖經場景地圖（Google Map Earth 地圖）。
以色列人的旅程可分爲三階段：**從埃及到西奈、曠野漂流四十年、往摩押的路程。**

以色列青年在巴蘭曠野健行。

　　當我們對以色列人出埃及的年代背景與地理環境有初步的認識後，接下來讓我們一起《帶著聖經去旅行—跟著摩西出埃及》。

發現心靈感動～價值體系

我們知道我們是屬神的，全世界都臥在那惡者手下。

（約翰壹書五 19）

埃及原本是一塊沙漠荒土，因為尼羅河的定期氾濫，帶來灌溉的河水與肥沃的河泥，加上一年四季充足的日照條件，賜給埃及富饒的物產，締造埃及成為古代文明大國。古埃及人與自然緊密的關係，不僅影響農耕作息，也形塑出中央集權的政治組織與自然多神的信仰觀念。

法老是世界的代言人，是神和人之間的溝通者，與法老為敵如同與整個世界為敵，然而我們知道我們是屬神的，全世界都臥在那惡者手下（約翰壹書五 19）。崇拜受造物的錯謬信仰，為求穩定可掌控的生活，甘心伏在以法老為首的世界之下，古代埃及代表的是一個世界，一個屬世的價值觀。

反觀今日，錯謬的觀點仍然建構著今日的世界價值，消費型主義導致人們成為金錢的奴隸，被物質需求捆綁，甚至背負卡債成為卡奴，不得自由。如同古代埃及人，害怕失去生活所有，不敢離開舒適圈，想要透過各種途徑掌控自然，反而被奴役在世界的體系之中。

神的計畫是要帶領我們離開屬世的價值觀、埃及的為奴之家，使我們重新得著真自由，出埃及記是神對以色列百姓的計畫，也是對現代基督徒的心意！

尼羅河畔的椰棗和玉米。

第一篇 從埃及到西奈

以色列人住在埃及共有四百三十年。

正滿了四百三十年的那一天，

耶和華的軍隊都從埃及地出來了。

出埃及記十二 40-41

在**埃及與西奈半島**，讓我們一起進入**出埃及記、利未記、民數記一～十二章**，看見神大能的手如何帶領以色列百姓走出奴役之地。

◆ 圖／西奈半島 Ain Khudra 綠洲營地。

從埃及到西奈

在序曲中，我們看見以色列人寄居埃及的歷史舞台，接下來我們一邊閱讀**出埃及記、利未記、民數記、申命記**，一邊循著以色列人的腳蹤：**從埃及到西奈、曠野漂流四十年、往摩押的路程**，跟著摩西完成「出埃及、入曠野、進迦南」的奇妙旅程！

前情提要

在創世記中，神曾向亞伯拉罕預言：「**你要的確知道，你的後裔必寄居別人的地，又服事那地的人，那地的人要苦待他們四百年。並且他們所要服事的那國，我要懲罰，後來他們必帶著許多財物從那裡出來**」（創十五 13-14）。到了雅各時代，因為父親偏愛約瑟，遭來兄弟們的妒恨，將他賣給以實瑪利人，於是約瑟被帶到埃及，幾經波折，最終成為埃及宰相，幫助法老治理埃及全地（創卅七，卅九～四十一）。不久迦南全境饑荒缺糧，雅各遣子到埃及要糧，約瑟與兄弟相認，隨後雅各帶著全家來到埃及寄居（創四十二～四十七）。約瑟被賣、雅各率眾子到埃及寄居，正逢閃族許克索斯人（Hyksos）統治下埃及的第二過渡期（Second Intermediate Period）。

展開旅程

經過四百年，以色列在埃及生養眾多、極其強盛、滿了那地，有不認識約瑟的新王起來，擔憂以色列人聯合外族對埃及不利，於是欺壓奴役以色列人（出一），此時是埃及的新王國時期（New Kingdom Period）。神聽見他們的呼求，揀選摩西帶領以色列人出埃及（出二～六）。首先降下十災擊打埃及，以色列人終於離開埃及，重獲自由（出七～十四）。以色列人住在埃及共有四百三十年。正滿了四百三十年的那一天，耶和華的軍隊都從埃及地出來了（出十二 40-41）。接著越過紅海、進入西奈曠野，領受十誡律法，成為神的百姓（出十五～四十、利未記、民一～十二）。現在讓我們翻開出埃及記、利未記、民數記一～十二章，與以色列人從埃及到西奈，走過 **1. 歌珊地；2. 汛曠野；3. 西奈山**。

▲從埃及到西奈（Google Map Earth 地圖）。
1. 歌珊地；2. 汛曠野：3. 西奈山。

第一站 歌珊地

看見歌珊地

歌珊地位於尼羅河三角洲的東部區域，是一處肥沃的耕地，農產富庶，是埃及的糧倉，養育寄居埃及的以色列民，使之成為大族（創四十六 3，出一 70）。從歌珊地向西循著地中海走沿海的路，就能抵達黎凡特地區，這裡是連結埃及與迦南地的重要通道。由於尼羅河支流通過歌珊地，在第二過渡期許克索斯人統治下埃及的時代，沿著河道建設城市，成為古代貿易中心。到了新王國 19 王朝，蘭塞二世為了與赫梯帝國爭奪黎凡特的控制權，遷都歌珊地，以此為軍事貿易的根據地。今日在歌珊地已挖掘的古代城市有：蘭塞（Pi-Ramesses，Avaris）、瑣安（Zoan，Tanis）與比伯實（Bubastis）。歌珊地是出埃及記的歷史舞台，以色列人出埃及的史詩，就是從這裡起行。

▲從埃及到西奈，歌珊地（Google Map Earth 地圖）。
歌珊地位於尼羅河三角洲東側，**蘭塞（Avaris）、瑣安（Tanis）與比伯實（Bubastis）** 為聖經時代的城市。

歌珊地境內的蘭塞，有豐富的農產。

聽見土地故事

一、寄居埃及

在創世記的後半段，描述希伯來人約瑟被賣到埃及，蒙耶和華眷顧，成為一人之下、萬人之上的埃及宰相，幫助法老管理埃及全地。這段時間是閃族許克索斯人入侵尼羅河三角洲，統治下埃及的時期，稱之為第二過渡期。許克索斯人任用同為閃族的約瑟為最高行政首長，在七個豐年時積聚糧食，幫助埃及度

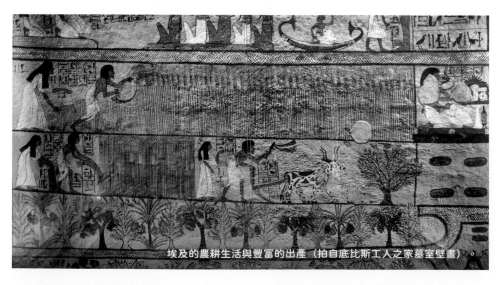

埃及的農耕生活與豐富的出產（拍自底比斯工人之家墓室壁畫）。

歌珊地境內的蘭塞，放牧的羊群。

過接續的七個荒年。那時迦南全地也遭遇

饑荒，約瑟的兄弟來埃及要糧，因而與約瑟相認，隨後雅各率眾子遷

居埃及。法老因為約瑟的緣故，恩待雅各全家，並且將蘭塞境內最好的地，作為

以色列的產業，於是以色列人在埃及寄居四百多年（創卅七～五十）。蘭塞境內

也就是許克索斯人首都 Avaris 周圍的區域，是歌珊地中肥美的耕地，也是尼羅河

三角洲與迦南地聯繫的交通樞紐。

　　歌珊地物產富饒、宜牧宜農，原本以放牧為生的以色列人，來到埃及開始定

居務農，我們透過底比斯工人之家的墓穴壁畫，可以略見埃及地的農耕生活與豐

富的物產。另外，以色列人也學習埃及人造屋的方法，使用泥磚建造房屋，房舍

內有接待大廳、起居室、廚房、儲物間……等，生活空間一應俱全，由於埃及少

雨，一般人家在夏夜裡，通常選擇涼爽的屋頂作為床榻入眠。我們可以從底比斯

工人之家的模型與遺跡，看見古代以色列人在埃及的家居生活。以色列人寄居埃

及初期的生活，可以說十分愜意。

屋頂是夏日臥房

接待大廳　　　起居室　　　　廚房　　　儲物間

▲底比斯工人之家模型（拍自底比斯工人之家展示台）。
▼底比斯工人之家遺跡，大門進來是接待大廳，然後是起居室、廚房與儲物間。

接待大廳

起居室

廚房

儲物間

　　以色列人居住的歌珊地，位於尼羅河三角洲的東部區域，目前考古學家已
經挖掘出幾座古代城市的遺跡，Avaris、Tanis 與 Bubastis。這三座城市皆建城
於尼羅河的東部支流，控制迦南地與三角洲之間的交通。古埃及的軍用道路與貿
易商道，就是從非利士地沿海的路來到 Avaris（聖經名為蘭塞，Rameses），經
過三角洲的比伯實（Bubastis）、安城（On，希臘名為亞文 Heliopolis），抵達
孟菲斯（Memphis，聖經譯為挪弗），然後溯河而上，聯繫尼羅河上游城市。當
Avaris 河道淤積後，新城 Tanis（聖經名為瑣安，Zoan）取代 Avaris，成為三角
洲與迦南地的貿易中心。這些城市與迦南之間的古代道路，分別是往非利士地沿
海的路（通往非利士地）、書珥之路(通往加低斯)、曠野之路(通往以旬迦別)，
這些道在西奈半島與三角洲交界處設有四個防衛城，密奪即是北邊的防衛城。

▲歌珊地古代城市位置圖（Google Map 地形圖）。

蘭塞之家 (Pi-Ramesses，Avaris)

蘭塞之家（Pi-Ramesses，Avaris）的尼羅河支流。

Avaris 今日稱為 Tell el-Dab'a，是第二過渡期許克索斯人興建的城市，位於尼羅河三角洲的東北部，座落於古代尼羅河支流，是一處沼澤地區，多條水道交錯，形成便捷的交通網，如同今日的威尼斯。由於 Avaris 掌握尼羅河三角洲通往迦南地的軍用道路，以及尼羅河與地中海間的水路航道，優越的地理位置造就 Avaris 成為尼羅河三角洲的貿易中心，也是許克索斯人統治下埃及時的首都。許克索斯人引進馬匹戰車、複合式的弓箭，優越的戰爭技術使之能與上埃及相抗衡。

到了新王國第 18 王朝，埃及人習得許克索斯人的武器與戰術，Ahmose I 法老終於趕走許克索斯人，統一上下埃及，並且定都於底比斯。新王國時期，歷任法老大興土木，在底比斯修建神廟祭殿、帝王陵墓，於是法老出資聘請埃及農夫，在農閒時為法老修建神廟陵墓。今日在底比斯看到的神廟建築，大多是新王國時期的作品。

到了第 19 王朝，塞提一世設首都在孟菲斯，並在 Avaris 設立夏宮，他的繼任者蘭塞二世更是將首都從孟菲斯遷到 Avaris，並以自己的名字命名，稱為**蘭塞之家（Pi-Ramesses）**，以下我們簡稱蘭塞城。西元前第 13 世紀，蘭塞二世預備對赫梯用兵，需要戰備儲糧，下令建造蘭塞、比東兩座積貨城，同時進行遷都計畫，以便就近掌握地中海貿易航道，監控黎凡特地區的戰事。

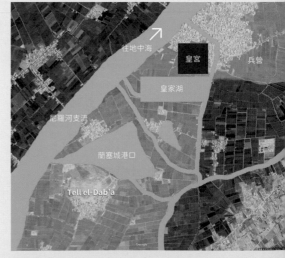

▲蘭塞之家（Pi-Ramesses，Avaris）是一處沼澤地，城市內水道遍布，仿如古代的威尼斯（Google Map 衛星圖）。

　　遷都建城需要投入大量的勞力與物力！古代埃及的宮殿城牆主要以泥磚為建材，就是聖經裡描述的和草做磚（出五 6-8）。象徵永恆的神廟則使用石材，做成雕像、廊柱與方尖碑。這些石材從亞斯文的採石場開採而來，順著尼羅河的河水運送到尼羅河三角洲，再搬運到建地，最後進行打磨、雕刻、定位、豎立。無論是和草做磚，還是採石搬運、打磨雕刻、定位豎立，都需要大量密集的勞力。

　　由於過去閃族許克索斯人入侵下埃及的歷史經驗，不認識約瑟的新王國法老們，對於同為閃族的以色列人，逐漸產生敵意，加上雅各家族在埃及生養眾多、滿了那地，引來埃及人的擔憂，此時又有遷都建城的勞力需求，以色列人就是在這樣的時空背景下，被埃及人奴役作工（出一 8-14）。

　　昔日輝煌的蘭塞城，後來因為河道淤積，失去功能，埃及人只好廢棄此城，另建新都 Tanis，同時也將蘭塞城的神廟廊柱、紀念碑、石像雕刻……等珍貴石材，全數搬到 Tanis。蘭塞之家 (Pi-Ramesses)，這個蘭塞二世引以為傲的都城，隨著城市遭棄的命運，逐漸被遺忘在歷史的洪流裡。蘭塞這兩個字，僅僅存留在摩西那一代的記憶，出現在創世記、出埃及記與民數記的書卷中，當後人追想出埃及的歷史時，蘭塞已經被徹底遺忘，取而代之的是新都 Tanis，也就是聖經中的瑣安（Zoan）。可見創世記、出埃及記、利未記、民數記、申命記確實由摩西撰寫而成，記錄希伯來人的口述歷史與出埃及的歷史事蹟。今日考古學家在蘭塞之家，仍持續挖掘中，尚未開放參觀，我們只能就周邊地區尋訪觀察，看見河道淤積後的一片荒野，渠道與農田。

蘭塞之家（Pi-Ramesses，Avaris）附近的地貌。

瑣安（Zoan，Tanis）

從蘭塞之家（Pi-Ramesses，Avaris）搬來的神廟石材。

到了埃及第 20 王朝，蘭塞城因河道淤積，城市失去功能，於是埃及人在另一條河道興建新城 Tanis，聖經名為瑣安（Zoan），取代蘭塞城，成為尼羅河三角洲的貿易中心。Tanis 建城時，以色列人早已離開埃及，埃及的國力也大不如前，無能從尼羅河上游的亞斯文採石場開鑿新石材，於是從廢棄的蘭塞城搬來的珍貴石雕，妝點這座新興城市。**瑣安（Zoan，Tanis）**在以色列王國時期，仍是個活躍的城市，舊約先知以賽亞、以西結都曾對瑣安發預言（賽十九 11，結三十 14），先知以賽亞更責備當時的以色列民，悖逆神逃往埃及瑣安，投靠法老的力量（賽三十 1-5）。此外，由於瑣安距離蘭塞城只有 25 公里，同樣位於歌珊地，加上蘭塞城早已被廢棄，遭人遺忘，所有的石雕作品被搬遷到新城瑣安，因此定居迦南地的以色列後人，常將瑣安視為出埃及的場景，詩篇七十八 43-53 這樣描述：

祂怎樣在埃及地顯神蹟，在瑣安田顯奇事，

把他們的江河並河汊的水都變為血，使他們不能喝。

祂叫蒼蠅成群落在他們當中，嘬盡他們，又叫青蛙滅了他們。

把他們的土產交給螞蚱，把他們辛苦得來的交給蝗蟲。

祂降冰雹打壞他們的葡萄樹，下嚴霜打壞他們的桑樹，

又把他們的牲畜交給冰雹，把他們的群畜交給閃電。

祂使猛烈的怒氣和忿怒、惱恨、苦難成了一群降災的使者，臨到他們。

他為自己的怒氣修平了路，將他們交給瘟疫，使他們死亡。

在埃及擊殺一切長子，在含的帳棚中，擊殺他們強壯時頭生的。

祂卻領出自己的民如羊，在曠野引他們如羊群。

祂領他們穩穩妥妥的，使他們不至害怕；海卻淹沒他們的仇敵。

雖然瑣安並非真正的蘭塞城，但是我們可以從瑣安的城牆泥磚，神廟的廊柱石雕、方尖碑，想像蘭塞之家（Pi-Ramesses，Avaris）的城市規模與昔日的輝煌。

泥磚城牆與儲水槽。

瑣安（Zoan，Tanis）。

比伯實（Bubastis）

比伯實（**Bubastis**）位於歌珊地，沿著尼羅河的東部支流建城，是新王國第 19 王朝的重要城市。在蘭塞城的河道尚未淤積前，從非利士地來的商旅，經過蘭塞城，沿著尼羅河支流來到比伯實，經過安城（On，又稱亞文 Heliopolis）、孟菲斯（Memphis，聖經譯為挪弗），聯繫尼羅河上游城市。到了第 22 王朝示撒一世，城市達到巔峰，那時以色列已經在迦南地建立王國，舊約先知以西結書曾對比伯實發預言（結三十 17）。後來比伯實因古埃及衰落而遭到廢棄，今日只見一座完整的石雕，是蘭塞二世女兒的雕像，其餘的石材散落滿地，難見往日的榮景。

▲ 比伯實（Bubastis），蘭塞二世女兒的雕像。　▲ 比伯實（Bubastis），散落一地的石材。

以色利人在第二過渡期許克索斯人的統治下，生活安逸舒適，雅各家在埃及歌珊地，從一個家族壯大成一個民族。然而，自新王國起，以色列人在埃及的地位每況愈下，後來更淪為奴隸，不但要做苦工，生命財產也面臨迫害威脅，這何嘗不是屬靈新生的產前陣痛，若以色列人在埃及安舒度日，怎麼會願意離開埃及，回到應許之地呢？

二、呼召摩西

以色列人寄居埃及四百年,當時以色列人口眾多,埃及人擔心以色列人會聯合外族攻擊這地,於是加重勞役苦待以色列人,以抑止人口增長,結果成效不彰。接下來法老採取更激烈的手段,殺害剛出生的希伯來男嬰。先是吩咐收生婆在希伯來婦女生產時,暗地裡殺害男嬰,收生婆敬畏神,不願遵照法老的旨意。後來法老變本加厲,直接吩咐埃及眾民,將希伯來男嬰丟到河裡(出一)。

摩西就是在這樣的背景下出生!那時,有一個利未婦人,見剛出生的男嬰俊美,就將他藏了三個月,後來實在藏不住,於是取來一個蒲草箱,抹上石油和石漆作為防水,把嬰孩放入蒲草箱中,擱在蘆荻旁。此時法老的女兒來到河邊洗澡,發現了蒲草箱裡的嬰孩,就將他帶入宮中收養,給他取名叫摩西,意思是因我把他從水裡拉出來(出二 1-10)。

▲仿古埃及蒲草箱(拍自埃及開羅法老村)。
▼法老的女兒收養摩西的模擬場景(拍自埃及開羅法老村)。

　　摩西在法老的宮廷中長大，也就是座落在尼羅河三角洲的埃及皇宮，接受皇家高等教育。當時只有皇室貴族與高級官員的子女才能接受讀寫教育，埃及的書記官就是受過高等教育的專業人員，在宮廷中負責記錄埃及歷史，以及法老口諭。摩西在埃及的皇家學院中裝備讀寫能力，日後蒙神呼召領以色列人出埃及時，摩西在西奈山有如書記官般，聆聽耶和華的旨意，寫下律法誡命，並且記錄以色列人的口傳歷史、出埃及與漂流曠野的旅程，完成創世記、出埃及記、利未記、民數記、申命記等書卷，由此稱為摩西五經，這是聖經的頭五卷書，也是舊約聖經的基石，猶太人每年都要誦讀一遍。今日在埃及開羅法老村，可以看見法老女兒收養摩西的模擬場景，以及仿古代埃及的蒲草箱。在法國羅浮宮的埃及展區，可以看見古代書記官的塑像，略見古代埃及的文官樣貌。

▲ 古代埃及書記官（收藏於法國羅浮宮）。

▼摩西在被法老的女兒收養，長大後因為殺了一個埃及人逃到曠野，幫助米甸祭司的女兒，後來住在米甸結婚生子（拍自西奈山聖凱薩琳修道院壁畫）。

長大後的摩西，因為殺害的一個埃及人，躲避法老逃到曠野，在那裏幫助米甸祭司的女兒，後來摩西與他們同住，娶妻生子，過著游牧的生活（出二 11-22）。這段曠野的生活經驗，也是神對摩西的裝備，增進摩西對曠野的認識，使摩西具備曠野求生的知能，對於日後帶領以色列人在曠野裡生活有極大的幫助。

一日，摩西在野地牧羊時，遇見燃燒的荊棘，奇妙的是荊棘被火燒著，卻沒有燒毀。當我們在西奈半島與貝都因嚮導一起生活時，發現乾燥的荊棘是曠野起火的好材料，它容易迅速燃燒，產生極大的火焰，點燃其他的木材，然而乾燥的荊棘很快就會燒盡，必須要有耐久的木材延續火力。相信摩西也有這樣的基本常識，因此當他看見燃燒的荊棘卻沒有被焚毀，就覺得稀奇，想要一探究竟（出三 1-3）。

▲乾燥的荊棘是曠野裡起火的材料。
▼西奈曠野的荊棘。

原來是神向摩西顯明燃燒荊棘的異象，為要呼召摩西帶領以色利人出埃及（出三 4-10）。不久摩西回到埃及地，面對從小到大的生活環境，對抗以法老為首的價值體系，於是壯闊的出埃及史詩，躍上人類的歷史舞台。今日在西奈半島的聖凱薩琳修道院，牆面上留有摩西生平的繪畫，以及相傳摩西幫助米甸祭司女兒的水井、摩西遇見燃燒荊棘的地方，提供我們默想摩西蒙召的經歷。

▲西奈半島聖凱薩琳修道院，相傳摩西在此水井幫助米甸祭司的女兒。
▼西奈半島聖凱薩琳修道院，相傳摩西在此處遇見燃燒的荊棘。

過去神將摩西從尼羅河的大水中拉出來（出二 10），這一次，摩西要回到埃及將以色列百姓從埃及的價值體系中帶領出來（出三 10），如同耶穌來到世上，為是要將祂的百姓從罪惡裡救出來（太一 21）。看見摩西的經歷，發現耶穌的使命，不由得想到自己的處境，身為教師的我，過去在師資培育機構中，我們不斷地被灌輸人本主義的教育思維，是神大能的手將我從人本教育的思潮中拉拔出來，如今又要我回到世界的教育場域，求神賜下智慧，親自引領今日的師生家長走出人本主義的埃及地。

三、擊打埃及

古代埃及是個多神信仰的世界，埃及人視自然萬物為神，例如太陽神拉（Ra）、阿蒙神（Amun）、天空女神 Nut。其中，阿蒙神原本是底比斯的地方神祇，到了新王國時代，阿蒙神的地位提高，常與太陽神拉（Ra）合併，稱之為阿蒙－拉（Amun-Ra），埃及人尊他為眾神之王。此外，埃及也將人與動物神格化，例如公牛神 Apis、Mnevis，與母牛神 Hathor，代表富饒多產，其中 Hathor 又稱綠松石之神，受到古埃及礦工的崇拜。還有古王國宰相 Imhotep，出生平民的他，因為智慧過人，受到法老 Djoser 的破格重用，相傳 Imhotep 醫術高明，奠定了古埃及的醫學基礎，他也是位建築師，為 Djoser 法老設計階梯金字塔。由於 Imhotep 卓越的成就，在他死後，人們尊他為醫學之神。

▲太陽神 Ra
◀ Amun 神

◀公牛神 Mnevis
▼母牛神 Hathor

▶公牛神 Apis
◀醫神 Imhotep

（收藏於法國羅浮宮）

古埃及也流傳許多神話傳說，其中最著名的是 Osiris、Isis、Seth、Horus 之間的故事。相傳 Osiris 教導人們耕種、畜牧、釀酒，埃及人描繪 Osiris 的形象是一手拿著穀穗、一手持著牧羊杖，象徵農牧豐收。人民愛戴 Osiris 卻引來兄弟 Seth 的妒恨，於是用計殺害 Osiris，將他投入尼羅河中，造成尼羅河每年一次的氾濫。Osiris 的妻子 Isis 尋回丈夫，使用魔力讓他復活，沒想到卻又遭到 Seth 的殺害，這次 Seth 將 Osiris 支解，Isis 花了許多時間尋回 Osiris 的屍塊，拼接起來並使之復活，不久 Isis 受孕，誕下 Horus，然而 Isis 的魔法無法使 Osiris 長久活著，Osiris 再次死去，眾神決定讓 Osiris 統治陰間，成為冥王。長大後的 Horus 決定為父親報仇，於是與 Seth 決戰，諸神判定由 Horus 作全埃及的王，將 Seth 流放。從這則神話中，可以看見埃及人相信尼羅河的定期氾濫與 Osiris 有關，Isis 的魔法有賜人生命的力量，Horus 象徵埃及的王權，Seth 則被視為混亂之神。

在底比斯神廟祭殿的內牆，刻畫著法老祭祀眾神的壁畫，外牆銘刻戰功，這透露出埃及的宗教觀。法老藉由

▲尼羅河神 Osiris
▶生命女神 Isis

▲混亂之神 Seth
◀象徵王權 Horus

（收藏於法國羅浮宮）

祭祀活動討諸神喜悅，蒙神庇佑帶來穩定富足的生活、戰場上的勝利。這些雕刻不僅描述生活，也是法老向埃及臣民進行宣傳的手段，建構埃及的價值體系。

法老是魔鬼的代言人，代表世界的價值體系，挾制人心。神透過十災擊打埃及，不僅是挑戰法老的權勢，更是向靈界的邪惡勢力宣戰！向世人宣告：惟有耶和華是賜生命者、全能的造物主，埃及所崇拜的一切，天地、日月、河水、牲畜，甚至是法老，不過只是受造物。

十災，這場靈界的戰爭，是造物主與受造物之間的爭戰，終於在埃及展開。首先是尼羅河的河水變成了血，擊打了代表尼羅河定期氾濫的 Osiris。接下來針對混亂之神 Seth，降下蛙災、虱災、蠅災、蝗災，然後是畜疫之災，擊打象徵富饒多產的牛神 Apis、Mnevis、Hathor，還有醫藥之神 Imhotep 的瘡災、天空女神 Nut 的雹災，以及太陽神阿蒙－拉（Amun-Ra）的黑暗之災。最後是擊殺埃及全地的長子，重重打擊生命女神 Isis、重生之神 Osiris，以及埃及王權的象徵 Horus（出七 11）。

在這場屬靈爭戰中，我們看見行邪術的埃及術士初期能夠模仿神蹟，到後來不得不承認這是神的手段，也看見法老的硬心與反悔，不肯全然釋放以色列民，更發現神將歌珊地分別出來，看顧以色列百姓無災無禍（出七～十一）。歌珊地無事，也預表著末日來臨時，以色列各支派受印，成為屬神的百姓，得蒙保守看顧（啟七 1-8）。

當黑暗之災降臨時，法老仍然硬心不肯讓以色列人離去，於是神預備給予埃及致命的一擊。神曉諭摩西，吩咐以色列各家預備一歲的公羊，取公羊的血塗抹在各家的門框上，因為夜晚神要巡行埃及全地，擊殺埃及一切頭生的，若見門框上有血做記號的，就逾越而去，不降災禍給這家。到了半夜，埃及一切頭生的盡都殺了，在埃及全地有大哀號，法老以及他代表的一切，全然被擊倒，於是他召來摩西，終於釋放以色列民（出十二）。以色列人住在埃及共有四百三十年，正滿了四百三十年的那一天，耶和華的軍隊都從埃及地出來了（出十二 40-41）。這是希伯來歷史上第一個逾越節（Passover），從此以色列人世世代代遵守逾越節的條例，記念耶和華的作為。

蘭塞二世雕像，法老以及他代表的一切全然被擊倒（收藏於埃及孟菲斯博物館）。

　　以色列人寄居埃及的日子，生養眾多、成為大族，回應了神對雅各的預言（創四十六 3，出一 7）。出埃及的那一夜，以色列人帶著埃及人的金器、銀器和衣裳等財物，離開埃及地（出十二 35-36），應驗了神對亞伯拉罕的預言：「**你的後裔必寄居別人的地，又服事那地的人，那地的人要苦待他們四百年。並且他們所要服事的那國，我要懲罰，後來他們必帶著許多財物從那裡出來**」（創十五 13-14）。此外，他們離開的時候，把約瑟的骸骨一同帶去，因為約瑟臨終前曾預言以色列人終將回到應許之地，所以吩咐以色列人務必將他的遺體帶回迦南地安葬，於是以色列人妥善保存約瑟的遺體，在四百多年後，帶著約瑟的骸骨一同離去（創五十 24-26，出十三 19）。細細咀嚼創世記中關乎以色列人在埃及的預言，以及出埃及的經過，不禁讚嘆信實的全能神，因為祂說有，就有；命立，就立（詩卅三 9），耶和華的話沒有一句落空，都應驗了。

　　以色列人出埃及的歷史，是耶穌救贖我們的預表！多年之後，這逾越節的恩典也臨到我們外邦人身上，耶穌就是那頭代罪的公羊，流出寶血在我們的額上塗抹為記，將我們從罪惡之中救贖出來，使我們這被擄的得釋放，重獲自由與新生，以色列人的逾越節，如今也成為我們的逾越節！

四、越過紅海

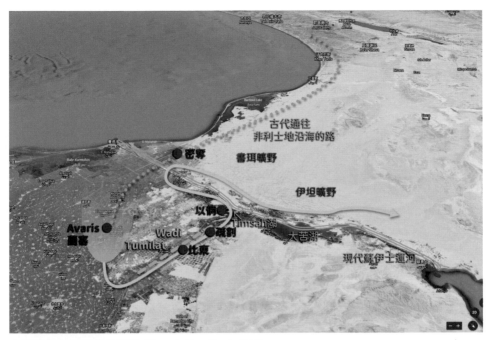

▲以色列人越過紅海的地圖（Google Map Earth 地圖）。
　沿途經過：**蘭塞 (Avaris)** →**比東（Pithom）**→**疏割（Succoth）**→**以倘（Etham）**→**密奪（Migdol）**。

法老釋放以色利人離開的那一天，以色列人從蘭塞起行。蘭塞就是 Avaris 古城，位於尼羅河三角洲的東北部，鄰近古代非利士地沿海的路，這是一條古代的軍用道路與貿易商道，新王國 19 王朝蘭塞二世，就是透過這條軍用道路與赫梯帝國爭戰。此外，來自敘利亞、迦南地的商人，也是藉著這條商業大道，往來尼羅河三角洲與兩河流域進行貿易。根據聖經上的記載：**法老容百姓去的時候，非利士地的道路雖近，神卻不領他們從那裡走，因為神說：「恐怕百姓遇見打仗後悔，就回埃及去。」**（出十三 17）。沿海的路雖然是進入迦南地最快的道路，但是沿途將遭遇迦南人、非利士人的阻擋，神知道以色列民信心不足，害怕打仗，因此不允許以色列民走沿海的路，於是神帶領以色列民繞道而行，往紅海的曠野去（出十三 18）。

疏割（Succoth）與以倘（Etham）

神 透過日間的雲柱、夜間的火柱，引導以色列人往紅海的曠野去，經過**疏割（Succoth）**，來到**以倘（Etham）** 安營（出十三 18，20-21），這段往紅海曠野的路程是沿著古代尼羅河支流的乾谷 Wadi Tumilat 前進。Wadi Tumilat 原本是尼羅河的支流，後來河水乾枯成為乾谷，蘭塞二世曾在這裡建造比東（Pithom）做為積貨城，古代商旅沿著這條乾谷經過比東、疏割，來到以倘，然後順著 Timsah 湖與大苦湖（Great Bitter Lake）進入蘇伊士灣（Gulf of Suez），這是南向的貿易路線。以色列人從蘭塞起行，就是沿著 Wadi Tumilat 的乾谷，往紅海方向的曠野行進，經過疏割來到以倘安營。以倘位於今日埃及的以實瑪利城（Ismailia），附近有 Timsah 湖，Timsah 是鹽水湖，湖畔長滿蘆葦，過去是淺灘，因開鑿蘇伊士運河後，水道變深。今日在以實瑪利城可以看見 Timsah 湖，以及蘇伊士運河（Suez Canal）的航道。

Timsah 湖，蘆葦海（Sea of Reeds）。

紅海（Sea of Red）/ 蘆葦海（Sea of Reeds）

蘇伊士灣到地中海的區域，佈滿了大大小小的鹽湖，這些鹽湖是一片長滿蘆葦的沼澤地，成為埃及與西奈半島的天然界線。古代稱這些鹽湖為蘆葦海，後來翻譯舊約聖經時，將希伯來文的**蘆葦海（Sea of Reeds）**誤譯成**紅海（Sea of Red）**，因此聖經所指的紅海，是指這片長滿蘆葦的鹽湖區域。今日蘇伊士運河（Suez Canal）開鑿接通這些鹽湖，連接貫穿地中海與紅海，成為現代海運的重要航道。

△ 蘇伊士運河。

密奪（Migdol）

當以色列人在以倘安營時，神曉諭摩西：「**你吩咐以色列人轉回，安營在比哈希錄前，密奪和海的中間，對著巴力洗分，靠近海邊安營**」（出十四1-2）。這裡的轉回，並非轉回蘭塞城，而是轉向尼羅河三角洲的北方軍用大道，也是轉回埃及人的勢力範圍，而**密奪（Migdol）**就是軍用大道上的駐防城。

古代埃及為了防止迦南地的閃族入侵，在尼羅河三角洲與非利士地的交界處，設立多處駐防城，密奪是其中之一。根據底比斯 Karnak 神廟外牆的浮雕，記載著新王國第 19 王朝塞提一世的戰役，法老的軍隊馬車沿途經過三角洲與迦南地之間的駐防成，密奪也在當中。由此可知，以色列人從以倘轉向北方，來到埃及與迦南的地界。

那時以色列人安營在比哈希錄前，比哈希錄（Pi Hahiroth）是河道口意思，位於密奪與蘆葦海的中間，巴力洗分（Baal Zephon）是迦南神廟。以色列就在比哈希錄的河道口，在密奪駐防城和蘆葦海中間，面對著迦南神廟巴力洗分，靠著海邊紮營（出十四1-2）。

對法老來說，以色列人離開蘭塞後，一路西行到以倘，按常理說應該走往南方蘇伊士灣的貿易道路，此時突然北上，難怪法老以為他們在曠野裡走迷了路（出十四3）。加上三角洲北端的居民，看見以色列人來到埃及邊境的駐防城，以為他們要逃跑，所以通報法老：百姓逃跑（出十四5）！於是法老派兵追趕以色列人。法老的軍隊從蘭塞城出發，沿著尼羅河支流的軍用大道，很快就來到密奪，將要追上以色列人，以色列人看見前面是海，後頭有法老的追兵，就大大驚恐（出十四6-10）。

那時神曉諭摩西，向海伸杖，耶和華使用大東風，使蘆葦海的水一夜退去，水便分開，以色列人就從海中的乾地過去。法老見狀，指揮軍兵跟著下到海裡去，然而海中的泥濘卡住戰車，使之不能前進。等以色列人全數越過蘆葦海，神曉諭摩西再次向海伸杖，海水復合，埃及的車輛、兵馬全然淹沒在海裡（出十四13-31）。在底比斯的 Luxor 博物館可以看到蘭塞二世時期的戰士及所使用的武器及戰車等考古文物，可以想像當時以色列人被法老軍隊追趕的情節。

　　看著以色列人過紅海的神蹟，我心不禁感到希奇！經文上寫著：**你吩咐以色列人轉回，安營在比哈希錄前，密奪和海的中間，對著巴力洗分，靠近海邊安營。法老必說：「以色列人在地中繞迷了，曠野把他們困住了」。我要使法老的心剛硬，他要追趕他們，我便在法老和他全軍身上得榮耀，埃及人就知道我是耶和華**（出十四 2-4）。神全備的計畫，透過以色列人北上，巧誘法老派兵追趕，結果埃及軍兵全數滅頂。神選擇在密奪彰顯神蹟，想來是別具意義！密奪是埃及與迦南的地界，附近有迦南神巴力的神廟，而埃及地更充斥著多神信仰，象徵兩地的黑暗權勢。神在這裡分開紅海，拯救以色列人脫離法老的手，徹底摧毀法老的軍兵，無疑的是向全世界宣告：祂能拯救、祂是全能、惟有祂是神！

法老軍隊經過三角洲與迦南地之間的駐防城浮雕，密奪是駐防城之一（拍自底比斯 Karnak 神廟外牆）。

　　神再次彰顯神蹟，拯救以色列人脫離法老的手，這一次以色列人終於完全離開埃及，奔向全新的生命！下一站我們與以色列人進入西奈半島的汛曠野，看見神的供應與保護。

▲埃及戰士模型，新王國時期法老多是戰士出身，積極於建立標準化國家軍隊，成員來自埃及人、戰俘及傭兵。塞蘭二世時期，卽以四個埃及神 Amun、Ra、Ptah、Seth 為 4 個營名稱，每營有 5,000 名戰士，12 個連，每連有 50 名戰士及一位指揮官。(拍自 Luxor 博物館)。

▲蘭塞二世雕像。

▼新王國時期圖坦卡門（Tutankhamun）法老戰車。

▲ 新 王 國 18 王朝 Ahmose I 打敗許克索斯人（Hyksos），收復下埃及的 Karnak 神廟紀念碑。

▲新王國時期戰俘雕像。

▲新王國時期的駐防城弓箭隊長夫婦雕像。

▲蘭塞二世時期的駐防城指揮官雕像。

▲新王國時期駐防城，主要設於邊境，除了防衛功能外，也控制重要的貿易通道，如密奪即
　是往非利士地沿海的路之防衛城。

▲新王國時期戰士所使用的武器（拍自 Luxor 博物館）。

發現心靈感動～信而受洗

祂救了我們脫離黑暗的權勢，把我們遷到祂愛子的國裡。

（歌羅西書一 13）

讀著以色列的出埃及記，彷彿讀到基督徒信主的歷程！

未信主時，我們生活在這個世界中，生命依循世界的價值觀運行，傳統文化、社會思潮、流行文化、父母教養、童年經驗……漸漸形塑出我們的價值觀。那時，我們不能分辨好壞，甚至忘記自己原是神美好的創造。如同以色列人寄居埃及，漸漸被埃及的政治制度、宗教信仰、價值體系同化，忘記自己是亞伯拉罕的後裔、神的選民，甚至忘記了神。

然而全世界都臥在那惡者手下（約壹五 19），我們被世界的價值體系捆綁奴役而不自知，如同溫水裡的青蛙，逼迫像不斷提高的水溫緩緩加深，又像以色列人寄居埃及，在約瑟時代過得舒適安逸，捨不得離開，然後有不認識約瑟的新王起來，法老的手逐漸施壓，開始逼迫苦待以色列人。此時，我們才猛然驚覺，世界的王正在奴役我們，於是我們向神呼求、大聲哀告！我們就是這樣，被世界的價值觀捆綁、奴役、壓迫，卻無法離開，因為害怕未知，不敢離開已知的環境，所以就默默忍受，直到不能再忍！如果不是法老奴役以色列民，也許以色列人根本沒有想過要離開埃及。如果我們不是被世界的價值觀壓迫，也許我們不覺得這世界有什麼問題。其實這段奴役的壓迫期，如同屬靈的陣痛，為是要把我們的新生命催生出來！

　　神為以色列民預備了摩西，要將他們帶出埃及地，領他們進入迦南美地。神也為我們預備了耶穌，要將我們從黑暗的權勢中救出來，把我們遷到耶穌基督光明的國度（西一 13）。於是，神降下十災，擊打埃及全地，宣告祂造物主、全能的神。耶穌在十字架上，勝過了黑暗與死亡，向全世界宣告，祂是基督，永生神的兒子。逾越節的那一天，以色列人宰殺一歲的公羊，將取下來的羊血塗抹在各家的門框上，於是滅命天使越過以色列人，存留以色列民的性命。耶穌是神羔羊，在逾越節的那一天，擔當我們眾人的罪孽，流出寶血，塗抹我們的過犯，使我們得著新生命，並且得的更豐盛。

　　因為耶穌做了眾人的贖價，於是我們從世界的體系中得著釋放，如同以色列人終於脫離法老的手，邁開步伐離開埃及為奴之家。在紅海邊，在法老的眼前，集體越過紅海，見證神的作為，如同集體受洗般，真正的重生得救了！當我們受洗歸入基督，就是在世人面前宣告我們屬乎神，完全離開世界的挾制。

　　來看這段信而受洗的過程，以色列民如同無助的嬰孩，只能哭求哀告，卻蒙神垂聽，耶和華擊打埃及諸神、敗壞埃及全地、分開紅海，神大能的手，介入世界體系，拉拔拯救以色列民脫離埃及法老的權勢。以色列民只是憑著信心，帶著相信，在門框上塗抹羔羊血、邁開步伐走過紅海，終於得救。如今，耶穌在十字架上已經完成救贖、預備救恩，我們要做的就是信心的禱告、受洗歸主，如同以色列民帶出信心的行動。

　　剛脫離法老手的以色列民，神並沒有要他們馬上爭戰（不走沿海的路），相反的，神為他們爭戰（分開紅海），並且將他們帶入曠野接受裝備，等到屬靈的生命長大成熟，才能得地為業。得救是恩典、成聖是操練，得救的以色列民，如同剛出生的嬰孩，需要神的餵養與保護，又如一盤散沙，尚未組織成紀律嚴明的軍隊，於是神帶領以色列民，進入曠野學校，接受屬靈的操練。下一站，我們將與以色列民來到西奈半島，一同接受神的訓練與裝備。

第二站 汎曠野

看見西奈半島

以色列人過紅海後，進入西奈半島，整個西奈半島是由數個曠野構成：沿著地中海的西奈北部屬於書珥曠野（Desert of Shur）；Timsah 湖的兩側到蘇伊士灣稱之為伊坦曠野（Desert of Etham）；以琳到西奈之間屬於汎曠野（Desert of Sin）；半島南部的岩磐地區稱之為西奈曠野（Desert of Sinai）；半島東側的阿卡巴灣與以色列交界處，屬於巴蘭曠野（Desert of Paran）；沿著以埃邊界北上，則進入加低斯綠洲（Oasis of Kadesh）。西奈半島屬於乾燥型沙漠氣候，來自地中海與紅海的水氣，在冬季下起短暫陣雨，雨水順著乾谷流動，滲入岩層成為地下水，在乾谷邊緣形成數個的綠洲，今日是貝都因人的居住地。

▲從埃及到西奈，西奈半島（Google Map Earth 地圖）。
西奈半島分有**書珥曠野（Desert of Shur）**、**伊坦曠野（Desert of Etham）**、**汎曠野（Desert of Sin）**、**西奈山（Mt. Sinai）**、**巴蘭曠野（Desert of Paran）**、**加低斯綠洲（Oasis of Kadesh）**等區域，及**非利士地沿海的路、書珥之路、曠野之路**等三條貿易通道。

聽見土地故事

西奈半島汎曠野的荊棘與駱駝。

耶和華透過摩西行使神蹟，救拔以色列人脫離法老的手、離開埃及為奴之家，越過紅海來到西奈半島。一般而言，進入迦南地最便捷的道路是非利士地沿海的路，但是以色列人若走這條國際貿易商道，馬上就面臨非利士人、遭遇戰爭。非利士人是來自愛琴海善用鐵器的民族，在地中海東岸建立殖民城市：迦薩、亞實基倫、亞實突、迦特、以革倫，稱之為非利士五城。剛離開埃及的以色列人，如同一盤散沙，如同屬靈的初生嬰孩，尚且不能爭戰。

除了非利士五城的威脅外，迦南地也發展出多神信仰的閃族文化。居住在迦南地的亞摩利人，屬於閃族的一支，與迦南當地混合發展出城邦型的農耕文化，祭祀巴力和亞舍拉，祈求土地富饒多產。剛出埃及的以色列人尚未擁有自己的律法，還沒有堅定的信仰，容易迷失在多神信仰的迦南文化中，有被同化的隱憂。

　　來看西奈半島，它是由許多曠野組成，綠洲有限，生活不易，只有游牧民族在此地放牧，例如米甸人。此外還有沙漠盜匪亞瑪力人，以搶奪商旅為生。埃及對於地廣人稀的西奈半島，控制性不高，僅限於採礦與保護商道。由於距離與沙漠化的因素，小亞細亞與兩河流域的勢力並未深入西奈半島，因此西奈半島在政治上呈現三不管地帶。

　　基於上述的理由，神不讓以色列人走沿海的路，反而帶領以色列人深入地廣人稀、不易謀生、政治真空的西奈半島，這裡是神為以色列人選定的新兵訓練場、曠野訓練學校。初生的嬰孩需要餵養，長大成熟才能得地為業，在以色列人尚未預備好之前，神先將以色列人帶入西奈半島，接受曠野訓練，直到以色列人茁壯成為耶和華的軍隊，才讓他們面對迦南信仰，起來爭戰，得地為業。於是以色列人從北端的**書珥曠野（Desert of Shur）**南下，經過**伊坦曠野（Desert of Etham）**、然後來到**汛曠野（Desert of Sin）**，一路上經歷神的保護與供應。

　　以下讓我們隨著以色列人的腳蹤，一同經歷：**1. 苦水與甜水；2. 嗎哪與鵪鶉；3. 擊打磐石出水；4. 戰勝亞瑪力**的聖經旅程。

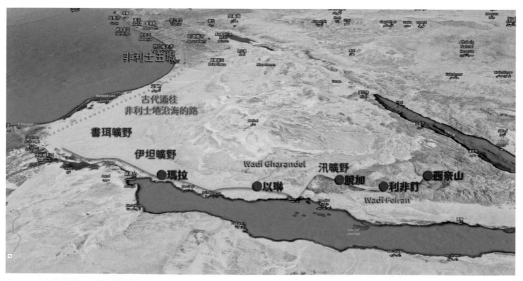

▲從書珥曠野到汛曠野的路徑地圖（Google Map Earth 地圖）。
　沿途經過：書珥曠野→伊坦曠野（瑪拉和以琳）→汛曠野（嗎哪與鵪鶉）→利非訂。

一、苦水與甜水

伊坦曠野。

以色列人越過紅海後,來到書珥曠野,又在**伊坦曠野(Etham)**走了三天的路程就安營在瑪拉(民卅三 8)。那時以色列從埃及帶出來的水已經用盡,在曠野中又乾又熱又渴,好不容易看到一口水井,結果一喝,水竟然是苦的,因此把那地稱之為瑪拉(Marah)。以色列人向摩西抱怨沒有水喝,摩西求告耶和華,耶和華向摩西指示一棵樹,把樹丟到水裡,水就變甜了(出十五 22-25)。

伊坦曠野。

當我們行經伊坦曠野，只見兩旁是一片黃沙乾土，以及沙地上的一叢叢荊棘，直到瑪拉，才有些許綠意。**瑪拉（Marah）**位於紅海邊，今日稱為 Ain Musa，是摩西井的意思。可能是地下水含鹽量太高，導致水苦，無法飲用，需要經過淨水程序才能飲用，近代科學發現辣木（Moringa）具有淨化水質的功能，當年耶和華指示摩西的樹，極有可能就是辣木。現在這裡是一處綠洲，附近種植棕櫚樹，當地人將那口水井稱之為摩西井（Ain Musa），相傳是摩西把樹丟入水中，使水變甜的地方。

▲瑪拉的水井，當地人稱為摩西井（Ain Musa），相傳是摩西把樹丟入水中，使水變甜之處。
▼瑪拉附近的海灘。

以色列人離開瑪拉後，來到**以琳（Elim）**，以琳是一處綠洲，位於今日的 Wadi Gharandel。聖經上描述那裡有十二股水泉，七十棵棕櫚樹，於是以色列人就在以琳安營（出十五27）。實地來到以琳，發現它位於 Wadi Gharandel 山陵乾谷，冬季從紅海來的水氣，被隆起的山脈阻攔，形成短暫的陣雨，雨水沿著山陵線流向乾谷、滲入岩層中，成為地下水。以琳就是由地下水所形成的綠洲，今日貝都因人在這裡畜養牲畜，開鑿簡易水井，以木板帆布搭建臨時住所。

▲以琳綠洲，簡易水井。
▼以琳綠洲，位於 Wadi Gharandel 山陵乾谷。

以琳綠洲,貝都因人搭建的臨時住所。

　　瑪拉和以琳如同生命中的甘苦酸甜!

　　以色列人在瑪拉井邊說:我們喝什麼呢?以色列人心中充滿抱怨,口中自然發出怨言,因為心裡所充滿的,口裡就說出來(太十二 34)。那時,以色列人腹中湧出的就是瑪拉的苦水,完全忘記神如何彰顯神蹟帶領他們走出埃及地。

　　想起路得記中的拿俄米沒了丈夫與兒子,心中滿腹苦水,從寄居的摩押地回到伯利恆時,對家鄉的人說:「不要叫我拿俄米(就是甜的意思),要叫我瑪拉(就是苦的意思),因為全能者使我受了大苦。我滿滿地出去,耶和華使我空空地回來。耶和華降禍與我,全能者使我受苦。既是這樣,你們為何還叫我拿俄米呢?」(得一 20-21)。那時,拿俄米遭逢喪夫失子之痛,家庭的劇變使她的生命充滿苦毒,甚至抱怨神降禍與她、使她受了大苦,那時拿俄米的生命如同瑪拉的水井,湧出來的是又苦又澀的苦水。直到兒媳路得有了好歸宿,嫁給波阿斯為妻,生了一個兒子,拿俄米懷抱著孩子,作他的養母(得四 13-16)。此時,拿俄米苦澀的心才得蒙耶和華的安慰醫治,開始湧出喜樂的泉源。

　　在生命的旅程中，我們的心也常隨著處境的順逆變化而滋味不同，逆境時難免如同以色列人、拿俄米那樣發出怨言、苦澀不已。讓我們回到出埃及記，仔細咀嚼瑪拉事件的後半段：**耶和華在那裡為他們定了律例、典章，在那裡試驗他們。又說：「你若留意聽耶和華—你神的話，又行我眼中看為正的事，留心聽我的誡命，守我一切的律例，我就不將所加與埃及人的疾病加在你身上，因為我—耶和華是醫治你的」**（出十五25-26）。為何神在瑪拉井旁為以色列人定了律例、典章，為以色列人上了重要的一課？這段經文如今也深深扎進在我們心裡，向我們啟示：神的話就是醫治水泉的那棵樹，當我們身處逆境時，願意盡情擁抱神的話，如同樹木浸透水泉，祂將釋放話語的大能，徹底淨化我們的生命，將我們苦澀的水泉化為甘甜。

以琳綠洲。

　　我們將目光拉回瑪拉與以琳的地理位置，其實瑪拉與以琳相距不遠，神這樣的安排，無非試驗以色列人倚靠祂的信心，聖經上說：**你們所遇見的試探，無非是人所能受的。神是信實的，必不叫你們受試探過於所能受的。在受試探的時候，總要給你們開一條出路，叫你們能忍受得住**（林前十13）。換言之，神雖然給以色列人瑪拉的試驗，卻也在不遠處預備了以琳的泉水。當我們處在困境、備嚐苦澀時，是否堅定信心、帶著盼望：神必為我們開出一條出路，在不遠處為我們預備以琳甘泉！

瑪拉水井，又苦又澀……

我願擁抱祢的話，如同樹木淨化水泉，

願祢來醫治我苦澀的心，好叫瑪拉成為甘甜！

瑪拉水井，離以琳不遠！

我願相信祢必預備，

在不遠處，有以琳的十二股水泉，

正等著我來到，在泉邊歡喜踴躍！

這樣說來，處境不能影響我生命的品質，

只要有祢、只要有祢！

我這口井終將湧出甘甜的泉源！

以琳附近的紅海邊，可能為以色列人的安營處。

二、嗎哪與鵪鶉

以色列全會眾從以琳起行，安營在紅海邊，然後沿著乾谷進入汎曠野（民卅三 10-11）。

▲ 以色列人從紅海邊沿著乾谷進入汎曠野。

汎曠野（Sin） 北端是一道山脈，將西奈半島一分為二，山脈以北稱為北西奈，山脈以南稱為南西奈，汎曠野就是位於北方山脈與西奈岩磐間的沙漠地區，屬於砂質沙漠，很乾，缺乏水源，只有南端乾谷才有綠洲水源，現在是貝都因人的居住地。以色列人進入汎曠野後，沿著南端乾谷綠洲行進，這裡曾經是地質活動區，因而產生黑色玄武岩，以及彩色的岩層，乾谷中零星的綠洲串連成為古代商旅的行進路線，岩壁上留有歷代各民族的文字與圖畫雕刻。

汛曠野位於北西奈與南西奈間的砂質沙漠區。

汎曠野的火山地形。

▲汛曠野的彩色岩。
▼汛曠野的綠洲。

▲汎曠野的刻字岩。
▼汎曠野的火山地形。

　　以色列人行經汛曠野，安營在脫加（民卅三 12-13）。**脫加（Dophkah）**
是古代埃及的綠松石礦區，埃及人為了開採綠松石，製作成高級珠寶飾品，供法
老皇室配帶，於是從富庶的尼羅河三角洲來到乾燥的西奈半島，並且建造哈索神
廟（Hathor），成為礦工的祭祀中心。

▲脫加的哈索神廟。
▼母牛神哈索（Hathor）的雕刻。　　　　　　▼脫加的哈索神廟，聖所與水槽。

　　哈索（Hathor）是埃及的母牛神，象徵豐富多產，同時也是礦工之神，據說採礦工人到哈索神廟祭祀後，哈索女神會在睡夢中指示綠松石的礦脈，工人依據指示採礦，便能得著美麗珍貴的綠松石。由此哈索（Hathor）成為採礦之神，採礦工人為她建造神廟，並且在石碑上雕刻圖像，今日在汛曠野的南端山陵、古代脫加的綠松石礦區，仍保存哈索神廟的遺跡，石碑上歷歷可見牛耳女面的哈索神像，還有祭祀的聖所與水槽。

▲脫加的哈索神廟石碑。
▼脫加的哈索神廟內部。

　　神廟附近有古代綠松石礦坑，以及古埃及採礦工人的岩壁石刻，其中發現有希伯來文的文字刻石。從哈索神廟眺望汛曠野，可隱約看見佇立在汛曠野中的人面獅身風化岩。

▲古代脫加（Dophkah），古埃及的綠松石礦區。
▼古埃及採礦工人在石壁上的雕刻。

人面獅身風化岩，位於汎曠野。

　　雖說哈索在這裡象徵採礦之神，但是剛從埃及離開的以色列人對於牛耳人面的哈索女神並不陌生，她也是象徵富饒的埃及女神。過去寄居歌珊地，物產豐盛、衣食無虞，如今來到曠野的不毛之地，舉目望去盡是礫石沙土，昔日今朝有如天壤之別，難怪以色列人開始懷念起坐在肉鍋旁吃飯的往日時光。

以色列人來到汛曠野時，匆忙之中從埃及帶出來的乾糧幾乎已經吃盡，於是以色列全會眾向摩西、亞倫發怨言說：**「巴不得我們早死在埃及地耶和華的手下；那時我們坐在肉鍋旁邊，吃得飽足。你們將我們領出來，到這曠野，是要叫這全會眾都餓死啊！」**（出十六 2-3）。摩西聽見百姓的抱怨，轉而尋求神，耶和華就曉諭摩西說：**「我已經聽見以色列人的怨言。你告訴他們說：『到黃昏的時候，**

從脫加的哈索神廟望向汛曠野，中間突起的是人面獅身風化岩。

嗎哪與鵪鶉（拍自西奈山聖凱薩琳修道院壁畫）。

你們要吃肉，早晨必有食物得飽，你們就知道我是耶和華—你們的神。』」（出十六 12）。到了晚上，有鵪鶉飛來，遮滿了營；早晨在營四圍的地上有露水。露水上升之後，不料，野地面上有如白霜的小圓物（出十六 13-15）。這食物，以色列家叫嗎哪，樣子像芫荽子，顏色是白的，滋味如同攙蜜的薄餅（出十六 31）。耶和華天天賜下嗎哪，在曠野裡養活以色列人，直到他們過了約旦河進入迦南地。為記念此一神蹟，神吩咐摩西將一俄梅珥的瑪哪存放在約櫃，好讓後人可以看見神在曠野裡給以色列百姓吃的食物（出十六 32-34）。

仿約櫃的模型，存放十誡法版、嗎哪，以及亞倫發芽的杖
（拍自以色列亭拿公園，仿摩西時代的帳幕模型）。

101

　　說到鵪鶉（Quail），牠是一種候鳥，春季時從東非大裂谷向北遷徙，沿著紅海經過西奈半島，直到歐亞大陸。秋季時往南遷徙，一樣經過西奈半島，沿著紅海回到東非大裂谷。以色列人出埃及時是逾越節，來到汛曠野正值春季，是鵪鶉向北遷徙的時節，此時鵪鶉沿著紅海來到西奈半島，由於鵪鶉體型圓胖，翅膀短小需要乘著上升氣流飛翔，神使用風向將遷徙中的鵪鶉從紅海邊吹向汛曠野，於是傍晚的時候鵪鶉飛來，遮滿了營，成為以色列人一頓豐富的佳餚。其實聖經中的鵪鶉，就是平日我們吃鵪鶉蛋的鳥類。

　　今日在西奈山腳下的凱薩琳修道院，可以看見天降嗎哪鵪鶉的壁畫。在以色列亭拿公園的會幕模型中，可以看見存放嗎哪的約櫃複製品。此外，在土耳其 Antalya Kurşunlu Şelalesi 瀑布公園內，有人工飼養的鵪鶉，可以略見當年以色列人在汛曠野領受嗎哪和鵪鶉的景況。

鵪鶉（拍自土耳其 Antalya Kurşunlu Şelalesi 瀑布公園），
聖經中的鵪鶉就是平日我們吃鵪鶉蛋的鳥類。

　　當我們來到西奈，與貝都因嚮導生活的那幾天，有機會得見貝都因的飲食文化，通常婦女與小孩不會與客人同桌而食。用餐前，貝都因人會先鋪上地墊餐布，然後大家席地而坐，餐前先享用一杯熱紅茶，貝都因婦女會加上薄荷等藥草調味，喝起來又香又甜。然後在餐布上擺上各樣食物，接著每人拿著自己的湯匙，舀起盤中的食物，包在薄餅中享用。仔細觀看餐布上的食物，烤餅與奶酪是當地土產，其它如蕃茄、黃瓜、葡萄、洋蔥、鮪魚、甚至薯片都是從外地進口。晚餐則是烤雞佐白飯，搭配爽口的番茄黃瓜沙拉，那盤烤雞不禁讓我想起鵪鶉，我想鵪鶉的滋味應該就像雞肉一樣鮮嫩可口！在物資缺乏、生活不易的西奈半島，我看見主人家用最大的誠意盡力準備豐盛一餐，我相信平日的餐食，大概只有簡單的餅和奶酪，至於外地進口的食品，只能在節慶時才有機會享用。咀嚼著單純美味的食物，心中充滿感恩，更是親嚐貝都因人的好客熱情，曠野客旅的好滋味。

現代西奈半島貝都因式的午餐。

現代西奈半島貝都因式的晚餐。

　　食物是維持生命的必需品，但是耶穌自己在曠野裡四十晝夜，面對魔鬼的試探時，大聲宣告：**人活著，不是單靠食物，乃是靠神口裡所出的一切話**（太四4）。此後，祂教導門徒：生命勝於飲食，身體勝於衣裳。你想，烏鴉也不種，也不收，又沒有倉又沒有庫，神尚且養活牠。你們比飛鳥是何等的貴重呢（路十二 23-24）！……你們不要求吃什麼，喝什麼，也不要掛心，這都是外邦人所求的。你們必須用這些東西，你們的父是知道的。你們只要求祂的國，這些東西就必加給你們了（路十二 29-31）。

　　食物固然為身體所需，但也不須要過份憂心掛慮，因為天父是看顧我們的主，在我們未祈求以先，祂已經知道，如同祂養活天上的飛鳥，在曠野裡降下嗎啦，餵養以色列先祖。耶穌教導我們將眼光定睛在永恆的國度上，先求神的國和神的義，將神的話牢記在心，成為滋養生命的靈糧。耶穌甚至向人們宣稱：我就是生命的糧。到我這裡來的，必定不餓；信我的，永遠不渴（約六 31-35）。祂

更進一步的解釋：**我就是生命的糧。你們的祖宗在曠野吃過嗎哪，還是死了。這是從天上降下來的糧，叫人吃了就不死。我是從天上降下來生命的糧；人若吃這糧，就必永遠活著。我所要賜的糧就是我的肉，為世人之生命所賜的**（約六 48-51）。

從這些經文，我們可以發現，我們活著，除了肉體所需要的飲食外，更要吃喝生命的糧，而這生命的糧就是耶穌，如同嗎哪，是父神從天上賜下，供應我們屬靈生命的一切所需。由此，我們活著不是單靠食物，乃是倚靠神口裡所出的一切話，也是道成肉身的人子耶穌。

當我們真實的走在乾熱的曠野時，舉目望去盡是荒涼的不毛之地，對比埃及尼羅河的富庶，真是天差地遠。過去以色列人在埃及，只要動手耕作，就有東西吃，甚至可以捕魚養鴨，生活無虞。然而在曠野中，不僅酷熱難耐，連水源綠洲都難以遇見，更別談一頓豐盛的大餐。在曠野，一切都不可預期、無法掌握，神帶領以色列人來到曠野，僅僅供應他們基本所需，為是要訓練他們的目光，離開美食口慾，單單品嚐天上的糧食，也許一時之間吃不出它的美味，但是細細咀嚼，將發現如蜜的甘甜從嘴中釋放出來，滿口馨香、滋養我們的身心百骨，以色列人的嗎哪，如同我們生命的靈糧，神天天賜下，要我們按著各人的飯量收取，真實的吃喝耶穌、享用生命靈糧！

還記得多年前當我身處在生命的曠野時，神斷絕我世上一切的供應，除了嗎哪，還是嗎哪。那時我被迫只能吃嗎哪、學習讀神的話，才能解我靈裡的飢渴。剛開始讀經時覺得艱澀難懂，吃起來淡薄無味，但是當我持續的、規律的學習吃喝耶穌，口中的味覺慢慢被打開，終於嚐到神話語的甘甜，這也使我屬靈的胃口大開。那時，地上的一切對我失去吸引力，好像有一股力量，抬起我的頭，定睛於耶穌，單單喜愛嗎哪的好滋味。曠野，對我而言，是學習咀嚼嗎哪的屬靈食堂！

嗎哪，滋味如同攙蜜的薄餅（出十六 31）；神的話，句句純淨而甘甜。當我吃喝耶穌，才真實的體會到因為有耶穌，生命就不再飢渴，即便是在曠野中，仍是健壯有力、踴躍不已！

三、擊磐石出水

O ΧΟΡΟΣ ΠΕ ΜΑΡΙΑΜ
O πₐ ΜΩΥΣΗΣ ΕΞΑΓΕΙ ΝΕΡΟ Αιο Το ΒΡΑΧΟ

擊磐石出水（拍自西奈山聖凱薩琳修道院壁畫）。

以色列人離開汛曠野，來到**利非訂（Rephidim）**安營，百姓因為沒水喝，來到摩西面前爭鬧，摩西就呼求神，神曉諭摩西，拿著手裡的杖到何烈的磐石那裡，擊打磐石，從磐石裡必有水流出來，使百姓可以喝。於是摩西照耶和華的吩咐而行，果然從磐石擊打出水，解決了以色列人為水爭鬧的情況（出十七1-7）。

利非訂（Rephidim）位於今日西奈曠野的 Wadi Feiran，貝都因人告訴我們，南西奈地區是一個大岩磐，冬季偶然的陣雨，雨水沿著乾谷滲入地底，積存在地下岩磐中，岩磐彷彿是地下儲水槽，積聚歷年降雨，因此西奈曠野的地底，其實是富含水源的地區。嚮導進一步告訴我們，並非每一處都有地下水，需要觀察山脈走向與岩石斷層，只有山脈走向與岩石斷層呈垂直交錯處，才會在地底下形成一個封閉空間，雨水滲入才能積存不流失，這是貝都因人在曠野裡辨認水源的方式。

　　經過貝都因嚮導的說明，我們對於擊打磐石這段經文有深刻的理解，原來摩西按著神的指示來到何烈山（傳統上認為何烈山就是西奈山），擊打磐石使之出現裂縫，就像打開水流頭一樣，好讓蘊藏在岩磐裡的地下水湧流出來。今日在西奈山腳下的凱薩琳修道院，可以看見摩西擊打磐石出水的壁畫。在西奈山附近的利非訂乾谷，有一塊磐石，上有數道裂痕，相傳是摩西擊打的那顆磐石，乾谷沿岸設有農場水壩，足見這裡是水源豐富之處，才能種植蔬果，築堤成壩。

利非訂的磐石，位於今日 Wadi Feiran，相傳是摩西擊打磐石出水之處。

利非訂乾谷的農場與水壩。

　　水是生命之源，耶穌曾在撒馬利亞的井邊，與一個婦人談道：「**人若喝我所賜的水，就永遠不渴。我所賜的水要在他裡頭成為泉源，直湧到永生。**」（約四14）。甚至在耶路撒冷住棚節的最後一日，站起來高聲說：「**人若渴了，可以到我這裡來喝！信我的人，就如經上所說：從他腹中要流出活水的江河來。**」（約七 37-38）。耶穌不斷的揭示自己就是生命的活泉！

　　為何耶穌在井邊與撒馬利亞談道？其實是藉著井邊取水事件直指撒馬利亞婦人靈裡的乾渴。為何耶穌在住棚節的最後一日提到活水的江河？住棚節是以色列人記念漂流曠野的傳統節期，在住棚節期間，以色列人會在戶外搭建臨時帳篷，追想古時蒙神供應的曠野生活。通常在節期的最後一日，也是節期的最大日，會舉辦盛大的慶祝儀式，感謝神在今年賜下豐富的收成，也祈求來年能按著時候降雨，物產豐隆。耶穌在節期的末日，對著祈求雨水的猶太人高聲宣告，祂就是活泉，信耶穌的人將從腹中流出活水的江河。耶穌這話是指著信祂之人要受聖靈說的。那時還沒有賜下聖靈來，因為耶穌尚未得著榮耀（約七 39）。

讓我們回到出埃及的場景，來到西奈山腳的利非訂，當時摩西擊打磐石，水
從磐石的裂縫中湧流出來，他所擊打的岩磐是神的山，所以當摩西擊打何烈山的
磐石時，是擊打在神的身上，祂親自擔負了以色列人爭鬧的罪。如同新約時代，
耶穌親自擔當世人的罪孽，被擊打釘在十字架上。

祂誠然擔當我們的憂患，背負我們的痛苦；

我們卻以為祂受責罰，被神擊打苦待了。

哪知祂為我們的過犯受害，為我們的罪孽壓傷。

因祂受的刑罰，我們得平安；

因祂受的鞭傷，我們得醫治。

我們都如羊走迷，各人偏行己路。

耶和華使我們眾人的罪孽都歸在祂身上。

祂被欺壓，在受苦的時候卻不開口。

祂像羊羔被牽到宰殺之地，又像羊在剪毛的人手下無聲，祂也是這樣不開口。

因受欺壓和審判，祂被奪去，

至於祂同世的人，誰想祂受鞭打、從活人之地被剪除，

是因我百姓的罪過呢？（賽五十三 4-8）

耶穌曾在逾越節的筵席中預言：**但保惠師，就是父因我的名所要差來的聖靈，**
祂要將一切的事指教你們，並且要叫你們想起我對你們所說的一切話（約十四
26）。當耶穌被釘十架，如同摩西擊打何烈磐石，父神所應許聖靈就像磐石的水
泉湧流出來，門徒們齊聚在耶路撒冷領受五旬節的聖靈（徒二 1-4）。果然信耶
穌的人，要從他的腹中流出活水的江河，這江河就是生命的活泉，聖靈的大能。

這活水也是一道生命河，從神和羔羊的寶座流出來。在河這邊與那邊有生命
樹，結十二樣果子，每月都結果子，樹上的葉子乃為醫治萬民（啟廿二 1-2）。
我願成為生命河畔的果樹，栽種在聖靈的活泉中，日夜吸收神話語的養分、領受
聖靈水流的澆灌，好叫我能按時候結果子，葉子也不枯乾（詩一 3）。更盼望世
上口渴的人也都來喝，信靠耶穌、白白領取生命的水泉（啟廿二 17）。

四、戰勝亞瑪力

戰勝亞瑪力（拍自西奈山聖凱薩琳修道院壁畫）。

同樣在利非訂乾谷，以色列人遭遇到亞瑪力人的襲擊。亞瑪力人（Amalekites），是閃族的一支，經常埋伏在沙漠曠野，伺機搶劫來往的商旅。那時，亞瑪力人來到利非訂，和以色列人爭戰。摩西吩咐約書亞選出以色列勇士，隔日出去和亞瑪力人爭戰。天一亮，摩西就拿起神的杖，與亞倫、戶珥來到山頂，面向戰場，舉起聖潔的手為山下的戰事禱告。當摩西高舉雙手時，以色列人就得勝，然而摩西一個人的力量有限，當他的手發沉下垂時，亞瑪力人就得勝。於是亞倫與戶珥搬來石頭，讓摩西坐在上面，然後一人一邊扶著摩西的手，使之維持高舉的姿勢。戰事持續到日落，約書亞終於用刀殺了亞瑪力王與他的百姓，取得全面的勝利（出十七 8-13）。戰勝之後，摩西為耶和華築起了一座壇，起名叫耶和華尼西，意思就是耶和華是我的旌旗，又說：耶和華已經起了誓，必世世代代和亞瑪力人爭戰（出十七 15-16）。這也回應了神對亞伯拉罕的應許：**為你祝福的，我必賜福與他；那咒詛你的，我必咒詛他**（創十二 3），與以色列為敵的，神必為他爭戰，並且大大得勝。

　　這場戰役也描繪出基督徒與世界的爭戰，山腳下的勝利取決於山頂上的禱告，現實生活中的得勝，取決於我們的禱告生活。然而一個人的禱告，有時會疲乏無力，需要兩三個禱告伴，彼此扶持、相互堅固，如同亞倫與戶珥扶持摩西的雙手，穩健持續的高舉雙手、大聲大力的宣告神的權柄。禱告時，更要堅定我們是屬神兒女的身分，相信神必為我們爭戰，耶和華尼西是我們得勝的旌旗。

利非訂乾谷。

發現心靈感動～供應保護

耶和華是我的牧者，我必不致缺乏。

祂使我躺臥在青草地上，領我在可安歇的水邊。

祂使我的靈魂甦醒，為自己的名引導我走義路。

我雖然行過死蔭的幽谷，也不怕遭害，

因為祢與我同在；祢的杖，祢的竿，都安慰我。

在我敵人面前，祢為我擺設筵席。

祢用油膏了我的頭，使我的福杯滿溢。

我一生一世必有恩惠慈愛隨著我，

我且要住在耶和華的殿中，直到永遠！

（詩篇廿三篇）

從歌珊地到西奈曠野，心情的落差是很大的！

在歌珊地，尼羅河定期氾濫、四季按時更迭、太陽朝起夕落，一切都是可預期的，農夫們只要將種子撒下，就能按著時候收成，生活全然掌握在自己的手中。在西奈曠野，放眼望去，盡是一片飛沙走石的不毛之地，只有零星的綠洲與荊棘。乾谷中不見水流，天空裡沒有雲彩，更不知雨水何時來。沒有水、更不用談耕種，沒有耕種就沒有收成，沒有收成哪來的糧食？生活的基本所需：水泉、食物都出了問題，更可怕的是：這一切都不在自己的掌握中！

　　在曠野，酷熱飢渴、缺乏食物，更別想生活娛樂了，就人類的眼光來看，曠野的生活條件遠遠比不上富足的歌珊地，為何神要把以色列民帶到曠野？在曠野裡，神有一個特別計畫，就是要改變以色列人的生活方式，從倚靠自己、自我掌控的人生，改變為全然倚靠神的供應與保護。於是在瑪拉和以琳，學習苦水與甜水的功課。在汛曠野，看見天降嗎哪、飛來鵪鶉的神蹟，學習神必在曠野裡賜下夠用的恩典，養活以色列全家。在非利訂，再次看見神使磐石出水的神蹟，學習生命在於主，供應也在於主。同樣也在利非訂，以色列遭遇沙漠盜匪亞瑪力人的襲擊，神如何為他們爭戰得勝，成為以色列得勝的旌旗。

　　這段曠野的旅程，不禁讓我想到詩篇廿三篇，我們的神如同大牧者，帶領我們來到青青草地、可安歇的水邊，祂供應我們一切所需，即便走在死蔭的幽谷，也不怕遭害，因為神與我們同在。遇見仇敵時，祂為我們爭戰，在敵人面前為我們擺設筵席（詩廿三 1-5）。祂全然的供應與保護，使我就算行在曠野中，也是一無所缺，甚至福杯滿溢。這樣說來，曠野學校的第一課，就是改變主權的生活方式，學習將生命的主權交給耶穌，相信祂會供應，祂必保守我們看顧到底！無論順境或逆境，都能泰然處之，願我們的腹中都能湧流出甘甜的活水，使別人得福。

　　詩篇廿三篇的最後一句：我且要住在耶和華的殿中，直到永遠（詩廿三 6），暗示我們，神接下來的計畫。下一站，我們將來到西奈山，看見神的帳幕如何在人間，好讓祂的百姓，一生一世住在耶和華的殿中，直到永永遠遠……

第三站 西奈山

看見西奈曠野

西奈曠野位於西奈半島的南部，是一處大岩磐，岩磐上隆起高高低低的山陵乾谷，如同曠野中抓住水氣的屏障。三面臨海的西奈曠野，在冬季時，來自紅海的水氣在山陵間凝結成雨，雨水順流而下，匯集在乾谷，然後滲入地面，積聚在地下岩磐中，成為地下水。整個西奈半島，就屬西奈曠野的水源最為豐富，雖然地表上看起來是光禿一片，地底下卻是富含水源，就像一座天然的儲水槽，可說是有水的曠野，只要在岩磐斷層處鑿井，便可取得地下水謀生，今日貝都因人就是沿著西奈曠野的綠洲鑿井而居。

西奈最高峰：聖凱薩琳山

西奈山紀念教堂

以利亞水泉

摩西磐打磐石處

聖凱薩琳修道院

金牛犢風化岩

▲西奈山（Google Map Earth 地圖）。

聽見土地故事

西奈半島，剛下過雨的水塘。

耶和華將以色列人從埃及帶到西奈曠野，在這裡停留將近有一年的時間，為何神選定西奈曠野成為以色列人的新兵訓練場，仔細觀察這裡的地理位置便能略知一二：1. 西奈半島遠離埃及、兩河流域的古代權力中心，是一處政治的三不管地帶，不受外國勢力的干擾。2. 西奈曠野是富含水源之處，整個岩磐富含地下水，足以供應以色列人全會眾一年的用水。

此外，就屬靈的意義而言，西奈曠野是一處大岩磐，象徵著神要將祂的教會建立在堅固的磐石上。因此神在西奈曠野的工作，就是要將一盤散沙的以色列人，組織成一個民族、一個國家。就現代國家的組成要素來看，國家必須包含：人民、領土、政府與法律。

① **人民—以色列民**：從雅各而生的十二支派，就是神的選民，神在西奈選定他們為以色列國民。

② **領土—迦南全地**：在亞伯拉罕時代，神就應許要將迦南全地賜給他的後裔，如今神將以色列民帶離埃及，來到西奈曠野訓練裝備，不久之後以色列人將進入迦南得地為業，應許之地就是神量給以色列人的土地。

③ **政府—管理系統**：神透過葉忒羅的建言，幫助摩西建立分層負責的管理系統，形成國家初期的政府體制。

④ **法律—十誡律法**：耶和華頒布十誡律法，詳細規範以色列的生活、節期與獻祭條例，十誡律法成為以色列的法律。

　　以色列是一個民族，神已經為他們預備了迦南全地成為領土，接下來我們跟著以色列人來到西奈曠野，一起看見神如何透過：**1. 葉忒羅建言；2. 西奈山盟約；3. 建造神的家；4. 從西奈起行**，將以色列人形塑成一個國家。

從西奈山頂峰眺望西奈曠野的群山。

一、葉忒羅建言

當摩西在西奈曠野安營時，摩西的岳父葉忒羅帶著摩西的妻子和兩個兒子來到神的山，就是摩西在曠野安營的地方（出十八 5）。當時摩西從早到晚審理以色列百姓的案件，葉忒羅見狀，向摩西建言：你獨自一人審理百姓案件，擔子太重，百姓也疲憊。我給你出個主意，你先教導百姓耶和華的律利和法度，指示他們當行的道，當做的事。並且從百姓中揀選敬畏神、誠實無畏，又有才能的人派他們作千夫長、百夫長、五十夫長、十夫長，管理百姓，審理案件，只要將難斷的大事，再呈到你這裡，小事他們自己可以審判。這樣，你就輕省些，他們也可以勝任此事。於是，摩西聽從他岳父的話，按著他所說的去行。摩西從以色列人中揀選了有才能的人，立他們為百姓的首領，作千夫長、百夫長、五十夫長、十夫長。他們隨時審判百姓，有難斷的案件就呈到摩西那裡，但各樣小事他們自己審判（出十八 13-26）。葉忒羅的建言，無疑為摩西建立了分層負責的管理系統，形成以色列初期的政府組織，同時也為神在西奈山的工作埋下伏筆。

二、西奈山盟約

有 了初期的行政組織後,接下來需要一套完整的法律,以色列人在西奈山下
安營居住一年,就是要領受從神而來的律法誡命,這一年西奈山腳下所發
生的事件,在摩西五經上的記載多而詳細,包括:

① **出埃及記(十九〜四十章)**:頒布十誡律法,發生金牛犢事件,以色列人按
照耶和華的指示建造會幕。

② **利未記**:詳細規範獻祭條例,呼召利未人組成祭司體系,明確說明祭司職分,
訂定猶太節期。

③ **民數記(一〜十章)**:記錄第一次統計人口,安營位置與行軍順序,呼召利
未人與訂定節期。

西奈山

　　聖經的前五卷書中就有三卷大篇幅記載西奈山的生活，可見神在西奈山的工作意義重大。耶和華在西奈山頒布十誡律法，並且訂下節期與獻祭條例，呼召利未支派建立祭司體系，為要形塑以色列人成為一個國家，同有一位主，共同遵守相同的法律，這個過程有如現代國家訂定憲章，成為國家基本法，明文規定人民的權利義務與生活準則。此外透過會幕的建造，神要與以色列人同在，成為以色列的主，以色列要成為祂的百姓。由此發展出祭司體系與獻祭條例，清楚指出耶和華是以色列人敬拜的中心。西奈山的工作，是以色列人從一個族群邁向一個國家的過程，無論是對神、或是對以色列人來說，都是關鍵的一年，意義非凡。

營地

◆圖／西奈山下的營地，以色列人在西奈山腳下自潔安營之處。

　　傳統認為西奈山是位於西奈半島南端的西奈曠野，當地人稱為摩西山，相傳是摩西上山領受十誡之處。實際來到西奈山，發現西奈山拔地而起，山的周圍是一片平坦的營地，附近有水泉綠洲，這裡極有可能就是當年以色列人的安營之處，今日成為貝都因人的居住地。根據聖經上的描述，耶和華吩咐以色列在山腳下自潔安營，呼召摩西上山領受十誡律法，當時西奈全山冒煙，因為耶和華在火中降於山上，山的煙氣上騰，如同燒窯一般，遍山大大地震動，角聲漸漸地高而又高（出十九 18-19）。當我們攀登西奈山時，一路上發現山壁岩塊有燒黑的痕跡，刮掉表層黑色的部分，就會看見紅色的岩塊，如同聖經描述燒窯的景象。

西奈山頂峰的摩西紀念教堂。

望向西奈山頂峰，頂峰建有摩西紀念教堂。

▲西奈山的岩石表面如同被火燒過。
▼攀登西奈山的路徑。

　　遠觀西奈山的形狀，如同一艘救恩的船，像船首的頂峰，建有**摩西紀念教堂**，由於摩西是一神信仰共同的先知，因此摩西紀念教堂旁也蓋有回教清真寺。船首與船尾間的低谷，是一處綠洲，有綠樹遮蔭、水泉可飲，摩西上西奈山四十晝夜期間，極有可能在這裡短暫的休息。今日當地人將此處命名為以利亞水泉，相傳

摩西紀念敎堂 →

是舊約先知以利亞躲避耶洗別，在何烈山遇見耶和華之處，耶和華在這裡以疾風細語喚起以利亞的信心，再次差遣他回到北國完成先知的工作（王上十九）。除了西奈山的**以利亞水泉**，鄰近的山丘也建有**以利亞紀念教堂**，記念此一事蹟。

以利亞水泉

遠觀西奈山，如同一艘救恩的船。

以利亞水泉，位於西奈山兩峰間的凹谷，
相傳是以利亞躲避耶洗別追殺，
來到何烈山與神相遇之處。

從西奈山眺望以利亞紀念敎堂。

　　除了西奈山上的紀念教堂，在山腳下有座歷史悠久的修道院，是為**聖凱薩琳修道院**。相傳拜占庭時期，君士坦丁大帝的母親聖海倫，來到西奈山麓，認定此處就是摩西遇見荊棘燃燒處，附近的那口水井，是摩西幫助米甸祭司的女兒西坡拉，趕走牧人，打水飲羊之處，於是在這裡修建聖海倫小教堂，到了查士丁尼大帝，加以擴建成修道院與堡壘。當阿拉伯半島的伊斯蘭勢力崛起時，回教先知穆罕默德曾來到此處，並且給予修道院保護令，修道院藉此得以躲避回教入侵的戰亂與攻擊。第 9-10 世紀期間，修道院的修士領受啟示，找到第 4 世紀為主殉道的女聖徒凱薩琳遺體，並且將他保存在修道院中，從此修道院改名為聖凱薩琳修道院，這裡也成為著名的朝聖路線。今日凱薩琳修道院列入世界遺產，至今仍有修士在此修行，並且成為南西奈地區著名的觀光景點。修道院內有摩西與西坡拉相遇的水井、出埃及記故事的壁畫、摩西遇見燃燒荊棘處……等，都是不可錯過的景點。

聖凱薩琳修道院，
相傳是摩西與西坡拉相遇的水井，
牆面有出埃及記故事壁畫。

聖凱薩琳修道院，相傳是摩西遇見燃燒荊棘處。

如果我們從猶太人的眼光來看西奈山事件，頒訂十誡的過程有如一場神聖的婚禮！那時，以色列人來到西奈山的山腳下安營，神將祂的心意曉諭摩西，並要他傳達給以色列人：**我向埃及人所行的事，你們都看見了，且看見我如鷹將你們背在翅膀上，帶來歸我。如今你們若實在聽從我的話，遵守我的約，就要在萬民中作屬我的子民，因為全地都是我的。你們要歸我作祭司的國度，為聖潔的國民。這些話你要告訴以色列人**（出十九 4-6），這段話有如婚禮的誓詞，是神對以色列人的應許。以色列民同聲回答：**凡耶和華所說的，我們都要遵行**（出十九 8），換成現代婚禮用語，以色列民的回應是：我願意。於是，摩西就將百姓的話回覆耶和華（出十九 8）。

接下來就是舉行婚禮，摩西吩咐百姓自潔三天，因為以色列民是耶和華的新娘，要用聖潔尊貴裝飾自己（出十九 10-15）。到了第三天早晨，山上有雷轟閃電和密雲，摩西率領眾百姓出營迎接神，站立在山腳下，天空有密雲遮蓋，如同猶太傳統婚禮的罩棚（Huppah），新人一同站立在罩棚下，象徵新郎把新娘帶入家中，從此新娘（以色列人）進入並歸屬夫家（耶和華）（出十九 16-17）。角聲甚大，漸漸地高而又高，這是婚禮的樂音（出十九 19）。然後神吩咐摩西上到山頂來，賜下十誡，這是耶和華與以色列百姓訂定的神聖婚約（出廿 3-17）：

①除了我以外，你不可有別的神。

②不可為自己雕刻偶像，也不可做什麼形像彷彿上天、下地，和地底下、水中的百物。不可跪拜那些像，也不可事奉它。

③不可妄稱耶和華—你神的名。

④當記念安息日，守為聖日。

⑤當孝敬父母，使你的日子在耶和華—你神所賜你的地上得以長久。

⑥不可殺人。

⑦不可姦淫。

⑧不可偷盜。

⑨不可作假見證陷害人。

⑩不可貪戀人的房屋；也不可貪戀人的妻子、僕婢、牛驢，並他一切所有的。

　　這十條誡命，皆建立在尊重的基礎上，前四條是說要愛神、尊重神，後六條是愛人、尊重人並他的生命、財產與名聲。這十條誡命也回應了耶穌對我們的教導：**你要盡心、盡性、盡意愛主——你的神。這是誡命中的第一，且是最大的。其次也相倣，就是要愛人如己。這兩條誡命是律法和先知一切道理的總綱**（太廿二37-40）。

　　摩西下山，將耶和華的命令、典章都述說與百姓聽，百姓齊聲說：耶和華所吩咐的，我們都必遵行（出廿四3）。於是摩西將耶和華的命令寫下，築起一座壇，立了十二根柱子，獻上燔祭與平安祭，將血灑在百姓身上，說：你看！這是立約的血，是耶和華按這一切話與你們立約的憑據（出廿四3-8）。這場神聖的婚禮就在耶和華與以色列人的立約過程中完成，從此以色列人成為耶和華的子民，是祭司的國度，聖潔的國民。

　　完成婚禮後，神計畫要與以色列人同在，於是吩咐摩西上山，向摩西啟示會幕規格，這是神的居所，也是神與以色列人共築的愛巢，並且給了摩西兩塊法版，上面寫有十誡婚約，這是神用指頭寫的石板（出廿五～卅一）。

摩西在西奈山 40 天，領受十誡律法，以色列百姓背叛耶和華，私造金牛犢
（拍自西奈山聖凱薩琳修道院壁畫）。

　　但是就在新婚蜜月期，以色列百姓卻嚴重出軌，背叛了她的丈夫─耶和華！
摩西在山上四十晝夜期間，以色列百姓看摩西延遲不下山，就心裡著急徬徨，於
是要求亞倫另做一個神像代替耶和華，亞倫順應百姓的要求，造了金牛犢，並且
為此舉辦慶典。摩西下山時，看見百姓背叛神，怒摔十誡石板，焚燒金牛犢，嚴
懲背叛者，要以色列人全體自潔，同時摩西也為以色列人在耶和華面前懇切代求，
耶和華才轉離怒氣不滅絕以色列人，並且願意與以色列人同在（出卅二～卅三）。
此後，摩西再度上山領受新法版，以色列人開始按造神的指示建造會幕（出卅四～
卅八）。今日在凱薩琳修道院可以看見「摩西領受十誡法版、百姓私造金牛犢」
的壁畫，西奈山附近的曠野，有**金牛犢造型的風化岩**，令人懷想當年西奈山
發生的金牛犢事件。

西奈山拔地而起，山腳下是一片平坦的營地，以色列人可能在此發生金牛犢事件。

▲金牛犢風化岩，攀登西奈山的路徑。
▼西奈山附近的金牛犢風化岩。

三、建造神的家

至聖所

聖所

外院

會幕與以色列安營示意圖（拍自以色列亭拿公園）。

金 牛犢事件過後，摩西懇切為以色列百姓代求，神終於答應與以色列人同在，領他們進入迦南地，於是以色列民在西奈山腳下展開了建造會幕的工作。會幕是神的居所，祂的帳幕在人間，要與以色列人同住。在出埃及記中，有兩大篇幅詳盡介紹會幕規格：第一次記載於出埃及記廿五～卅一章，敘述摩西在西奈山上領受神曉諭的會幕規格，第二次記載於出埃及記卅五～四十章，描寫摩西與以色列百姓按著神的吩咐建造會幕、立起會幕。兩次會幕記載的中間，穿插了金

以 1:1 比例仿製的會幕模型（拍自以色列亭拿公園）。

牛犢事件的發生經過與善後處理。這從這些篇章，可以看見神心意的轉折，祂是
如何珍愛祂的新娘，甚至願意與以色列人同住，卻又如此的嫉惡以色列的出軌與
背叛，最後在摩西的代求中轉離怒氣，原諒了祂的新娘，再次修復彼此的關係。
耶和華公義又憐憫的性情，在這裡表露無遺！

　　讓我們來看神的家—會幕（Taberncle），這是神精心規畫的居所，包括外
院、聖所與至聖所。今日在以色列南地的亭拿公園，設有會幕複製品，是按照出
埃及記的會幕規格，以 1:1 的比例仿製設計。

外院：燔祭壇、洗濯盆

首先我們來到外院，外院設有**燔祭壇**與**洗濯盆**。巧匠比撒列按照神的吩咐，用皂莢木做燔祭壇，是四方的，長五肘，寬五肘，高三肘，在壇的四拐角上做四個角，與壇接連一塊，用銅把壇包裹。他做壇上的盆、鏟子、盤子、肉叉子、火鼎；這一切器具都是用銅做的。又為壇做一個銅網，安在壇四面的圍腰板以下，從下達到壇的半腰。為銅網的四角鑄四個環子，作為穿槓的用處。用皂莢木做槓，用銅包裹，把槓穿在壇兩旁的環子內，用以抬壇，並用板做壇；壇是空的（出三十八 1-7）。這燔祭壇是祭司宰殺動物獻為火祭的祭壇，利未記中，各樣的燔祭、平安祭、贖罪祭、贖愆祭，都在此處進行（利未記一～七）。

在聖所門前設有洗濯盆，神啟示摩西要用銅做洗濯盆和盆座，以便洗濯。要將盆放在會幕和壇的中間，在盆裡盛水。亞倫和他的兒子要在這盆裡洗手洗腳。他們進會幕，或是就近壇前供職，給耶和華獻火祭的時候，必用水洗濯，免得死亡（出三十 17-21）。於是巧匠比撒列就用銅做洗濯盆和盆座，是用會幕門前伺候的婦人之鏡子做的（出卅八 8）。祭司獻燔祭或是進入聖所時，必須在這裡洗濯乾淨，免得死亡。

▲會幕外院，燔祭壇與洗濯盆（拍自以色列亭拿公園會幕模型）。

聖所：陳設餅桌、金燈檯、香壇

▲聖所，陳設餅桌、金燈檯、香壇。
▼陳設餅桌（拍自以色列亭拿公園會幕模型）。

接著我們來到聖所，聖所裡擺放有**陳設餅桌、金燈檯、香壇**。巧匠比撒列用皂莢木做一張陳設餅桌，長二肘，寬一肘，高一肘半。又包上精金，四圍鑲上金牙邊。桌子的四圍各做一掌寬的橫梁，橫梁上鑲著金牙邊，又鑄了四個金環，安在桌子四腳的四角上。安環子的地方是挨近橫梁，可以穿槓的桌子。他用皂莢木做兩根槓，用金包裹，以便抬桌子。又用精金做桌子上的器皿，就是盤子、調羹，並奠酒的瓶和爵（出卅七 10-16）。祭司在每個安息日時，將十二個餅擺列成兩行，每行六個，擺放在桌子上，又要把淨乳香放在每行餅上，作為紀念，就是作為火祭獻給耶和華，這餅是給亞倫和他子孫的，他們要在聖處吃，因為在獻給耶和華的火祭中是至聖的（出廿五 30，利廿四 5-9）。

同樣在聖所裡設有金燈檯，巧匠比撒列按著耶和華的吩咐，用精金做一個燈臺，這燈臺的座和幹，與杯、球、花，都是接連一塊鎚出來的。燈臺兩旁杈出六個枝子：這旁三個，那旁三個。這旁每枝上有三個杯，形狀像杏花，有球有花，

那旁每枝上也有三個杯，形狀像杏花，有球有花。從燈臺杈出來的六個枝子都是如此。燈臺上有四個杯，形狀像杏花，有球有花。燈臺每兩個枝子以下有球，與枝子接連一塊；燈臺杈出的六個枝子都是如此。球和枝子是接連一塊，都是一塊精金錘出來的。用精金做燈臺的七個燈盞，並燈臺的蠟剪和蠟花盤。他用精金一他連得做燈臺和燈臺的一切器具（出卅七 17-24）。祭司每日早晚都要用清橄欖油點燃這燈，並且要使燈向前發光（利廿四 2-3，民八 2-3）。

▲金燈檯。
▼香壇（拍自以色列亭拿公園會幕模型）。

至聖所布幔的前方設有香壇，巧匠比撒列按著耶和華的吩咐，用皂莢木製作香壇，長一肘，寬一肘，高二肘。上面及四面包上精金，四圍鑲上金牙邊，又鑄 2 個金環，安在牙子邊以下。用皂莢木做兩根槓，用金包裹，槓穿在壇旁的環內，以便抬壇（出卅七 25-28）。耶和華並且吩咐，要把香壇放在法櫃前的幔子外，對著法櫃上的施恩座。亞倫在壇上要燒馨香料做的香；每早晨他收拾燈的時候，要燒這香。黃昏

點燈的時候，他要在耶和華面前燒這香，作為世世代代常燒的香。在這壇上不可奉上異樣的香，不可獻燔祭、素祭，也不可澆上奠祭。亞倫一年一次要在壇的角上行贖罪之禮。他一年一次要用贖罪祭牲的血，在壇上行贖罪之禮，作為世世代代的定例。這壇在耶和華面前為至聖（出三十 6-10）。

至聖所：布幔、約櫃、施恩座

聖所與至聖所之間有一道**布幔**，耶和華吩咐要用藍色、紫色、朱紅色線和撚的細麻織幔子，以巧匠的手工繡上基路伯。要把幔子掛在四根包金的皂莢木柱子上，柱子上當有金鈎，柱子安在四個帶卯的銀座上。要使幔子垂在鈎子下，把法櫃抬進幔子內，這幔子要將聖所和至聖所隔開（出廿六 31-33）。

至聖所內放置**約櫃**，上有**施恩座**，巧匠比撒列按著耶和華的吩咐，用皂莢木做櫃，長二肘半，寬一肘半，高一肘半。裡外包上精金，四圍鑲上金牙邊，又鑄四個金環，安在櫃的四腳上，這邊兩環，那邊兩環。用皂莢木做兩根槓，用金包裹。把槓穿在櫃旁的環內，以便抬櫃。用精金做施恩座，長二肘半，寬一肘半。用金子錘出兩個基路伯來，安在施恩座的兩頭，這頭做一個基路伯，那頭做一個

基路伯，二基路伯接連一塊，在施恩座的兩頭。二基路伯高張翅膀，遮掩施恩座，基路伯是臉對臉，朝著施恩座（出卅七 1-9）。約櫃中存放著十誡法版、嗎哪，以及亞倫發芽的杖（出十六 32-34，出廿五 21，民十七 7-10）。施恩座是神與人相會之處，耶和華將在那裏將祂的旨意曉諭摩西，好傳講給以色列民（出廿五 22）。

▲至聖所前的幔子。
▼約櫃與施恩座。

▼約櫃裡的物品，十誡法版、亞倫的杖、嗎哪（拍自以色列亭拿公園會幕模型）。

祭司的禮袍：以弗得、胸牌、冠冕

除了建造會幕外，神也呼召利未人組成祭司體系，在出埃及記中詳細描寫祭司禮袍的設計，包括胸牌、以弗得、外袍、雜色的內袍、冠冕、腰帶，祭司要穿著這聖服，才能供祭司的職分（出廿八）。祭司的衣袍華美而榮耀，其中**以弗得、胸牌、冠冕**更是深具意義。

以弗得的肩帶上鑲著兩顆紅瑪瑙，上面刻著以色列兒子的名字，祭司供職的時候，穿上以弗得，象徵兩肩上擔著以色列各支派的名字（出廿八 6-14）。

決斷胸牌，上面鑲寶石四行：第一行是紅寶石、紅璧璽、紅玉；第二行是綠寶石、藍寶石、金鋼石；第三行是紫瑪瑙、白瑪瑙、紫晶；第四行是水蒼玉、紅瑪瑙、碧玉。這都要鑲在金槽中。這些寶石都要按著以色列十二個兒子的名字，彷彿刻圖書，刻十二個支派的名字（出廿八 15-30）。

冠冕的部分，要用精金做一面牌，在上面按刻圖書之法刻著「歸耶和華為聖」。要用一條藍細帶子將牌繫在冠冕的前面。這牌必在亞倫的額上，亞倫要擔當干犯聖物條例的罪孽。這聖物是以色列人在一切的聖禮物上所分別為聖的。這牌要常在他的額上，使他們可以在耶和華面前蒙悅納（出廿八 36-38）。

祭司進入會幕，或就近壇，在聖所供職的時候必穿上聖袍，免得擔罪而死（出廿八43）。此外，在利未記中也詳盡羅列獻祭條例與祭司職責（利未記一～九，廿一～廿二）。

▲大祭司的禮袍
（拍自以色列亭拿公園會幕模型）。

　　摩西時代的會幕，至今仍深具意義。過去只有大祭司能夠進入聖所、至聖所供職，如今因著耶穌，為我們開一條又新又活的路，使我們得以坦然無懼的來到施恩座前，為要蒙憐恤、得恩惠，做隨時的幫助（來十 19-20，來四 16）。當我們受洗歸入基督時，就是披戴基督了（加三 27），羔羊的血衣成為祭司的禮袍，使我們成為被揀選的族類，有君尊的祭司，聖潔的國度，屬神的子民（彼前二 9）。於是我們可以如祭司般，在耶和華的殿中供職，擁有禱告的權柄，能以舉起聖潔的手為自己、為眾人代求。我們如同亞倫一樣，頭戴「歸耶和華為聖」的**冠冕**，將自己分別為聖；身上穿著**以弗得**，肩負著為家人、為社區、為城市、為國家的禱告負擔，帶著胸牌，懷抱對全人類的大愛，進入神的會幕，代禱守望。

　　讓我們以稱謝進入祂的門，以讚美進入祂的院（詩一百 4），在**燔祭壇**前獻上自己成為活祭（羅十二 1）；來到**洗濯盆**前，領受聖靈的澆灌，得以潔淨更新（多三 5-6，彼前一 2）。然後進入聖所，在**金燈檯**聖靈的光照中照明我們心中的眼睛（弗一 17-18）；享受**陳設餅**，就是吃喝耶穌、生命的糧（約六 51），成為我們行道的力量；帶著耶穌的馨香之氣來到**香壇**前獻上我們的禱告，願我們為眾人的代求，能上達諸天，蒙神應允（林後二 14-15，啟八 3-4）。通過幔子進入至聖所，在**施恩座**前，與神相遇、聆聽祂的聲音（出廿五 22）。願會幕式的禱告，成為我們每天的喜樂，使我們能進入幔內、安穩在祂裡面，得力與更新；也能與祂走出帳外，在禾場上與祂同行，在服事中看見神蹟！

　　當摩西立起會幕，雲彩遮蓋會幕，耶和華的榮光充滿帳幕。每逢雲彩從帳幕收上去，以色列就啟程前往，雲彩若不收起，以色列人就不啟程，於是日間有雲柱、夜間有火柱導引以色列的旅程（出四十）。出埃及記這卷書，就在會幕立起的那一刻畫下句點。緊接在後的就是利未記，書中詳細記載獻祭條例、祭司職責、潔淨條例，並且訂定逾越節、無酵節、初熟節、五旬節、吹角節、贖罪日、住棚節等七大節期。這些律法誡命，成為以色列百姓的生活準則。

四、從西奈起行

以色列人在西奈山下立起會幕，領受全備律法之後，終於成為一個國民、一支耶和華的軍隊，準備從西奈起行，前往迦南地。民數記書卷一開始，耶和華就曉諭摩西，數點以色列各支派的男丁（民一），明定各支派安營的位置，以及行軍的順序（民二）。同時呼召利未人辦理帳幕之事，詳細說明如何立起會幕與收起帳幕（民三～四），這些安排都是為以色列的旅程做準備。

出埃及後的第二年，雲彩從帳幕收上去，以色列人就按著次序前進，首先是第一軍團：猶大、以薩迦、西布倫，後面跟著利未人革順與米拉利的子孫，抬著帳幕前行。接著是第二軍團：呂便、西緬、迦得，後面跟著利未人哥轄的子孫，抬著聖物前進。第三軍團：以法蓮、瑪拿西、便雅憫。第四軍團：但、亞設、拿弗他利（民十 11-28)。在西奈山之前，以色列民如同一盤散沙，沒有組織、沒有法律。經過西奈山一年的預備，昔日匆忙逃離埃及的希伯來奴隸，今日成為自由之民，也是軍容整齊的耶和華大軍。

以色列民離開西奈曠野，沿著今日的阿卡巴灣北上，向以色列與西奈邊界的巴蘭曠野前進，陸續經過他備拉、基博羅哈他瓦、哈洗錄。然而領受律法後的以色列人在西奈起行後的表現，實在令人失望，他們不僅自掘**貪慾的墳墓**，更因為嫉妒而**反對領導者**，以下讓我們來看從西奈起行後，以色列人的情況。

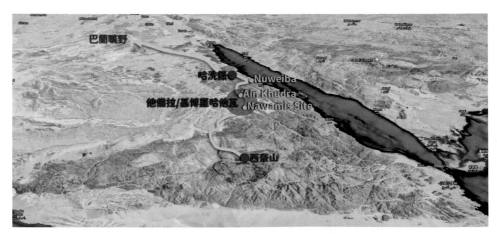

▲ 從西奈起行路徑地圖 (Google Map Earth 地圖)。
　沿途經過：**他備拉→基博羅哈他瓦→哈洗錄。**

貪慾的墳墓

以色列百姓離開耶和華的山，往前行了三天的路程，舉目望去到處是飛沙走石，除了烈日，就是礫石乾土，以及看不見盡頭的藍天。他們走了三天三夜，不久之後，怨言四起，這些抱怨可能是：好熱、好渴、到底要走到什麼時候、為什麼要帶我們來到這裡、這裡什麼都沒有……。他們的惡言惡語傳到耶和華的耳中，惹動耶和華的怒氣，火就在他們中間焚燒。抱怨是一種不相信的態度，抱怨是一種忘恩負義的行為，以色列民忘記了耶和華的恩惠，也不相信神全備的供應，這些惡語惹動神的怒氣，以致於耶和華怒火中燒。當怒火不可遏止時，百姓才驚覺事態嚴重，轉而向摩西哀求，摩西為百姓代求，終於止熄怒火，於是將那個地方取名為**他備拉 (Taberah)**，意思是耶和華的火燒在他們中間 (民十一 1-3)。

順著白色峽谷可以通往 Ain Khudra 綠洲。

然而這個事件並沒有讓以色列人學到教訓，接著他們開始抱怨神所賜的嗎哪滋味淡薄，食物沒有味道，貪慾的口想要吃肉，不禁懷念起過去在埃及的生活，尼羅河裡的鮮魚，農田裡的黃瓜、西瓜、韭菜、蔥蒜等。百姓向摩西大發牢騷，造成摩西極大的壓力，摩西來到神面前哭求：管理這百姓的責任太重，我獨自擔當不起，於是神將降於摩西身上的靈分賜給以色列七十個長老，分擔摩西管理百姓的重擔。此外，耶和華也應允賜下鵪鶉，滿足以色列人的口慾，於是有風從海面颳來，帶來鵪鶉，吹散在營地四周，以色列人捕取鵪鶉，正在食用的時候，耶和華的怒氣向他們發作，擊殺了這些貪慾之人，以色列人將那地稱為**基博羅哈他瓦（Kibroth Hattaavah)**，意思是貪慾人的墳墓（民十一 4-34)。

為何前一次主賜鵪鶉，以色列人吃喝飽足（出十六)，這一次卻遭到耶和華發烈怒，降下最重的災擊殺以色列人（民十一)？差別在於是否領受律法，在西奈山之前，以色列人尚未領受十誡律法，不知好壞，如同屬靈的嬰孩，需要神懷抱餵養，因此以色列人在汛曠野蒙受耶和華全能的供應與保護。然而，

▲垂直而下的白色峽谷。
▼要進入白色峽谷，須從頂端攀繩而下。

在西奈山之後，以色列人已領受全備的律法，與神訂下盟約，此時應當遵行耶和華所頒布的律例典章，不可貪心，然而以色列人卻背道而行，大起貪念，難怪惹動神的怒氣！

　　從候鳥遷徙的自然現象來說，以色列隔了一年從西奈起行，正值鵪鶉遷徙的時刻，牠們沿著紅海來回遷徙，神颳起大風將遷徙中的鵪鶉，從紅海帶到以色列人的營地。鵪鶉所吃的食物反應在肉的品質上，如果鵪鶉吃了具有毒性的食物，鵪鶉肉就有劇毒，當時以色列人捕捉的鵪鶉，肉質可能具有毒性，因此當貪慾之人食用鵪鶉肉時，可能是因為食物中毒造成死亡。

　　當我們跟著貝都因嚮導離開西奈山，實際沿著阿卡巴灣向巴蘭曠野走去，雖然頭頂藍天，腳踩壯闊大地，但是乾燥的空氣、滿天的塵沙、烈日與酷暑都讓我們的頭腦昏沉、口乾舌燥。再加上前幾日每餐跟蒼蠅搶食，可能是吃了不潔的食物，所以從西奈起行的那一日，我就不停的拉肚子，甚至脫水、體力不支。雖然身體在虛弱當中，但是感謝神！讓我親身體驗以色列人在這段旅程的心情，同時貝都因嚮導教導我們辨認曠野植物，就地採集曠野藥草，治癒我腹瀉的情況。

貝都因嚮導與 Ain Khudra 綠洲。

　　暫且放下腹瀉的苦楚，抬頭看見這段旅程的風光，真的是⋯⋯不可言喻的美麗！**Ain Khudra 綠洲**位於西奈半島阿卡巴灣西岸的**白色峽谷**內，我們必須從峽谷的頂端，攀繩垂直而下，進入峽谷底部，峽谷內是一條蜿蜒的通道，一路上鋪滿細沙，兩旁是聳立的白色峭壁，沿著通道前進，地形豁然開闊，就會進入 Ain Khudra 綠洲。Ain Khudra 是一處水源豐富的綠洲，清涼的水泉從岩磐地底下湧出，附近種滿棕櫚樹與各樣果樹，今日貝都因人在這裡搭建臨時草屋，提供過路旅人休息小歇之處，並且興建蓄水池，盛滿清涼的水泉，作為飲用、澆灌植物之用。以色列人從西奈山離開之後，約莫走三天的旅程，就會來到 Ain Khudra 綠洲，附近有開闊平坦的地形適合以色列人紮營，綠洲水泉可以提供以色人生活用水，是一處極佳的營地，以色列人吃鵪鶉中毒事件的故事場景，可能就是發生在此地。

白色峽谷的盡頭，地形開闊處就是 Ain Khudra 綠洲。

▲ Ain Khudra 綠洲的水泉。
▼ Ain Khudra 綠洲，種滿棕櫚樹與各樣果樹。

在 Ain Khudra 綠洲營地不遠處，有古代墓堆遺跡，稱為 **Nawamis Site**。古人就地撿拾紅色岩塊，堆疊成圓型墓塚，留有一個方型開口，以便遺體放入。今日 Nawamis Site 可以看見多座圓形墓塚遺跡，雖然我們並不確定這些墓塚是否為當年以色列人所建，但是此一景象，讓人不禁想起基博羅哈他瓦（Kibroth Hattaavah）—貪慾人的墳墓。

此外，在 Nawamis Site 附近有一個獨立的大岩柱，佇立在平坦的曠野裡，相當奇特、醒目。古時今日往來此地的客旅，紛紛在岩壁上刻畫的各式文字與圖案，如同旅客留言版，又像古時地標，可見這個地區是南西奈通往巴蘭曠野必經的道路。以色列人從西奈山起行，前往巴蘭曠野，想必也經過此地。

▲古人就地撿拾紅色岩塊，堆疊成圓型墓塚，
留有一個方型開口，以便遺體放入。

▲各種語言的刻石，這裡是南西奈通往巴蘭曠野
必經的道路，路過的客旅在石頭上刻字。

Nawamis Site 古代墓堆遺跡，位於 Ain Khudra 綠洲附近。

反對領導者

以色列人離開基博羅哈他瓦之後，沿著西奈半島東側的乾谷來到哈洗錄，就住在哈洗錄。哈洗錄 (Hazeroth) 是一處綠洲，位於西奈半島東側，南西奈與北西奈的交界處。北西奈目前是埃及反叛軍的控制範圍，基於安全考量，嚮導不建議前往。於是我們在 Nuweiba 附近的貝都因聚落歇腳，當地人端出紅茶與食物盡情的接待我們。這個聚落只住一戶人家，大約十個人，他們用木板、泥磚與帆布搭蓋簡易的居所，養著一群山羊，山羊就是他們的經濟來源。平日的飲食很簡單，幾杯紅茶、幾塊薄餅乾酪、番茄黃瓜，就是簡單的一餐，有訪客時，他們才會準備鮪魚罐頭拌洋蔥、洋芋片等進口食物招待客人。在西奈半島旅行的這幾天，每天都吃著相同的標準菜色，就像以色列人天天是一樣的嗎哪，食物雖然簡單，但是主人的盛情有如手中的紅茶，溫暖而甘甜。腸胃仍然不適的我，無法大快朵頤，但是齒頰間仍有在地的好滋味，也在飲食中看見曠野中生活的困難與艱辛。

Nuweiba 附近的貝都因聚落，貝都因人用木板、泥磚與帆布搭蓋簡易的居所。

　　雖然不能親自造訪哈洗錄，但是在這個純樸的聚落中，我試著感受哈洗錄的事件。聖經上記載，米利暗與亞倫因為摩西娶了古實的女子為妻，就毀謗他，說：「難道耶和華單與摩西說話，不也與我們說話嗎？」(民十二 1-2)。仔細閱讀這段經文，看見米利暗與亞倫因為嫉妒摩西，所以用摩西娶外邦女子的藉口來毀謗他。想當初摩西還是初生嬰孩，米利暗是個好姊姊，在尼羅河畔的蘆葦叢中，緊緊跟著蒲草箱，暗中保護嬰孩摩西，當法老的女兒收養摩西時，米利暗自告奮勇地向她推薦摩西的生母，作為乳養摩西的奶媽 (出二 4-8)。到了以色列人出埃及、過紅海，米利暗更是摩西的好幫手，領著希伯來婦女們擊鼓跳舞敬拜神 (出十五 20-21)。然而當神重用摩西領導以色列人，卻引來米利暗與亞倫的嫉妒，他們嫉妒摩西的位份、恩賜，還有與神的親密關係，於是找藉口毀謗摩西，公然反對領導者。這樣的舉動引來神的憤怒，於是降災於米利暗，米利暗長了大痲瘋，亞倫見狀立即悔改，摩西更是謙卑的為米利暗代求，百姓為米利暗在哈洗錄停留七天，直到米利暗痊癒，回到營中 (民十二)。

羊群是貝都因人的經濟來源。

　　想起保羅的話：**你們就是基督的身子，並且各作肢體**（林前十二 27)，當我們成為基督徒，就是與弟兄姊妹一同成為基督的身體，既然是一個身體，倘若一個肢體得榮耀，弟兄姊妹被神重用，愈發有恩賜，豈不應當歡喜快樂（林前十二 26)。若是見不得別人的靈命更成熟、服事有果效，因而起了嫉妒之心，那不就是將自己分別在基督的身體之外？米利暗的嫉妒，使她不能與神同心、與摩西同工，實在可惜！

　　當我們與貝都因人一同坐在戶外的草蓆上用餐時，看著眼前的男主人，以及忙進忙出的女主人，女主人會不會因此憤恨不平，心裡滴咕著：為何我要操持家務準備餐食？為何我的丈夫可以坐在那裏跟客人閒聊，我卻要忙進忙出？然而女主人的眼中卻流露出喜樂恬靜的神情，她深信夫婦倆人是一個家庭、一個生命共同體，她願意盡全力協助她的丈夫接待客旅。無論是對內或是對外，按著神量給每個人的位份，分工合作、同心同工，不越矩、不嫉妒，百節各按各職，照著各體的功用彼此相助（弗四 16)，豈不美好？米利暗的嫉妒，對比著眼前女主人的默默服事，讓同樣身為女性的我，上了寶貴的一課！

　　難以想像以色列人在西奈山蒙受神的恩典、領受律法與誡命之後，仍不停止犯罪，貪婪抱怨、嫉妒毀謗仍在神的百姓中蔓延，這也反映出信主之後，我們也會軟弱、跌倒、犯罪。過去有摩西為以色列人代求、為米利暗求情，懇求耶和華轉離怒氣，施恩憐憫以色列人。然而今日，耶穌已經成為眾人的贖價，祂的寶血有赦罪之能，祂在神和人面前成為中保 (提前二 5-6)。我們需要時時省察自己，在審判的路上等候神，認真面對罪、處理罪，誠實悔過，付上代價。經上說：**我們若認自己的罪，神是信實的，是公義的，必要赦免我們的罪，洗淨我們一切的不義** (約壹一 9)。當我們誠實面對己過、痛痛悔改，神應許十架上赦罪的恩典必要臨到我們，洗淨我們的過犯與不義，再次成為聖潔，同時，也懇求主耶穌掌管我們的全心全人，使我們不再被罪挾制，擁有不犯罪的自由，活出聖潔自由的新生命！

　　離開了西奈山，以色列已經成為一個全新群體，有組織、有紀律，更有耶和華與他們同在同行，如今他們起身拔營，向應許之地前進。下一篇，讓我們跟隨摩西的腳蹤，看見以色列人的信心之旅。

以色列人沿著基博羅哈他瓦附近的兩山之間乾谷，向哈洗錄前進。

發現心靈感動～合而為一

　　身體只有一個，聖靈只有一個，正如你們蒙召，同有一個指望。一主、一信、一洗、一神，就是眾人的父，超乎眾人之上，貫乎眾人之中，也住在眾人之內。

（以弗所書四 4-6）

　　西奈山是一個有水的岩磐，象徵神要將祂的教會建立在磐石上！

　　歷史上第一個五旬節，神與以色列百姓在西奈山下，訂立盟約、賜下律法，使以色列人民成為祂的百姓、祂的新娘。耶和華又啟示摩西建造會幕，作為神的居所，從此耶和華就與以色列百姓同在，並且一路同行。於是，以色列民從一盤散沙，凝聚成一個民族、一個國家。

　　到了新約，耶穌升天後的第一個五旬節，神所應許的聖靈降下，膏抹跟隨耶穌的門徒（徒二），聖靈貫穿在眾人之內，將門徒連結成一個身體，直到現在，聖靈仍然穿透古今，聯絡貫穿古時今日的普世基督徒。由於我們是基督的門徒，所以我們同有一位主、有一樣的信仰、受一樣的洗禮、敬拜同一位神，就是我們在天上的阿爸父，祂應許賜下聖靈，內住在古今聖徒之中，也貫穿眾人之內（弗四4-6）。使我們連於元首基督，成為一個身體，全身都靠著聖靈聯絡得合式，百節各按各職，照著各體的功用彼此相助，便叫身體漸漸增長，在愛中建立自己（弗四 15-16）。於是，教會是基督徒的集合體，也是基督的身體、基督的新婦。

西奈山腳，律法賜下，耶和華形塑以色列，成為民族國家、耶和華的大軍！

新約時代，聖靈降下，聖靈聯絡耶穌門徒，成為神的教會、基督的身體！

這樣說來，我們在基督耶穌裡，各做肢體，為是要相互扶持、相互幫補。若一個肢體受苦，所有的肢體就一同受苦；若一個肢體得榮耀，所有的肢體就一同快樂（林前十二 26)。以色列人在他備拉、基博羅哈他瓦的抱怨與貪慾，有摩西為他們代求。相同的，當我們看到教會中受苦的弟兄姊妹，是否也為願意扶持跌倒軟弱的肢體，為他懇切禱告。米利暗見不得摩西被神重用，在哈洗錄嫉妒毀謗摩西。相同的，當我們看見別人服事越發有恩賜，屬靈生命充滿見證，是眼紅著找話柄來攻擊他，還是真心的為他感到歡喜快樂。

西奈之後，以色列成為一個國家，曠野旅程，需要十二支派群體行動！

信主之後，我們成為基督的身體，天路歷程，需要教會肢體相顧同行！

神在西奈山的工作至今仍在進行，信主後的我們在教會中學習群體生活，聆聽神的律法與誡命，好叫基督的身體，聯絡得合式，百節各按各職，照著各體的功用彼此相助。當我們從西奈起行時，不再是屬靈的嬰孩，而是軍容整齊的耶和華大軍，能以向應許之地邁進！

第二篇 曠野漂流四十年

按你們窺探那地的四十日,一年頂一日,你們要擔當罪孽四十年,
就知道我與你們疏遠了。我—耶和華說過,
我總要這樣待這一切聚集敵我的惡會眾,
他們必在這曠野裡消滅,在這裡死亡。

民數記十四 34-35

在**以色列南地**，讓我們一起進入**民數記十三～二十章**，觀看以色列百姓如何接受曠野的淬煉。

圖／尋曠野 En Avdat 綠洲附近的香料之路。

曠野漂流四十年

在以色列南地，讓我們一起進入**民數記十三～二十章**，觀看以色列百姓如何接受曠野的淬煉。

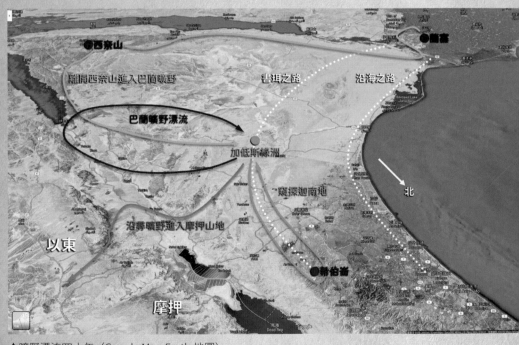

▲曠野漂流四十年（Google Map Earth 地圖）。
　1. 加低斯，窺探迦南地；**2. 巴蘭曠野漂流**；3. 沿尋曠野進入摩押山地。

前情提要

神大能的手救拔以色列人脫離埃及的為奴之家，以色列民越過紅海，來到西奈半島。在汛曠野，神賜下嗎哪與鵪鶉養活以色列百姓。在利非訂，神為以色列人爭戰，擊敗亞瑪力人。此後，以色列人在西奈山下安營一年，領受十誡律法、建造會幕，使得一盤散沙的希伯來奴隸，終於成為自由的民族，凝聚成一個國家。出埃及後的第二年，以色列百姓從西奈起行，沿著西奈半島的東側，向巴蘭曠野前進，準備進入應許之地。

展開旅程

離開西奈之後，以色列人來到加低斯，準備進入迦南地。摩西差派十二個探子窺探迦南全地，結果以色列人聽取探子的惡信，不敢前進得地為業。於是神將以色列人領入巴蘭曠野，開始曠野漂流四十年。直到日子滿足，神再次將以色列人領到加低斯，計畫沿著尋曠野的香料之路進入摩押山地，然後北上至約旦河東岸，準備進軍迦南。現在讓我們翻開民數記十三～二十章，與以色列人在 **1. 加低斯；2. 巴蘭曠野；3. 尋曠野**，一起曠野漂流四十年。

第一站 加低斯

看見南地曠野

聖經自民數記第十三章起，描述以色列人在曠野漂流的旅程，其地理範疇大多位於今日以色列 Negev。Negev 在希伯來語是南部的意思，中文聖經譯為南地，有些中文資料翻譯成內蓋夫，在本書我們統一稱之為南地。南地曠野位於以色列南部，從別是巴、亞拉得、死海往南延伸到紅海，與埃及西奈半島相連的倒三角形地區。此區域為乾燥的沙漠氣候，在乾谷中有季節性的間歇河流，綠洲主要分布在古時的香料之路上，過去這裡是貝都因人的放牧地，今日以色列政府鼓勵猶太人來此地屯墾定居。

根據以色列官方地圖，南地曠野可分成**南地（Negev）**、**尋（Zin）**與**巴蘭（Paran）**三個部分。從死海向西延伸經亞拉得（Arad）、別是巴（Beer Sheva）到加薩走廊間的長型地帶，稱之為南地。從南地以南到拉蒙裂谷（Ramon Crater）之間的區域屬於尋曠野，有一條古道從阿拉伯半島經過約旦大裂谷，橫跨尋曠野直到埃及西奈半島，聖經稱之為亞他林路（The Rosd of Atharim），英國欽定版聖經（KJV）譯為探子之路（The way of the spies）。由於這條路徑是古時重要的貿易路線，往來阿拉伯與埃及的古代商旅，經由這條古道進行交易活動，香料更是其中貿易的大宗。因此今日以色列觀光局將此路徑以香料之路（Incense Route）為名，申請世界遺產。從拉蒙裂谷以南直到紅海的倒三角形地帶稱之為巴蘭曠野。這樣的地理畫分有助於我們認識民數記中，以色列人曠野漂流的旅程。

▲南地曠野（Google Map 地形圖）。
　分成南地（Negev）、尋（Zin）與巴蘭（Paran）三個部分。

聽見土地故事

一、機會之門

加低斯（Kadesh）

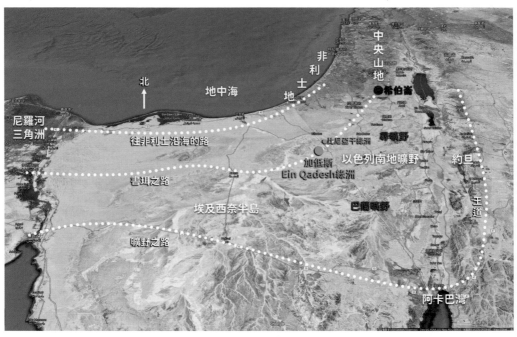

▲聯繫埃及、以色列與約旦的三條主要道路：**沿海的路、書珥之路、曠野之路**（Google Map Earth 地圖）。

從埃及西奈半島到以色列有三條主要道路：沿海的路、書珥之路、曠野之路。沿海的路是古代國際貿易商道，經由西奈半島北邊地中海沿岸，來到以色列的海岸平原，也就是古代非利士地。這條道路最為平坦便捷，只要馬車輕騎，便能快速經過西奈半島聯繫尼羅河三角洲與非利士地，因此沿海的路也是古代的軍用道路。

　　書珥之路是經由西奈半島的書珥曠野，橫越北西奈半島，以加低斯綠洲為中繼站，北上進入以色列中央山地等城鎮，例如：希伯崙、伯利恆、耶路撒冷、伯特利、示劍等。族長時代，亞伯拉罕來回遷徙，或是下到埃及，便是縱走中央山

地與書珥之路，這裡充滿族長們的足跡。換言之，書珥之路是埃及西奈半島聯繫以色列中央山地的主要道路。曠野之路是經由西奈半島的伊坦曠野，橫越西奈半島的中部，向東聯繫阿卡巴灣，然後北上進入約旦河東的王道，是古時埃及聯繫以東、摩押地的重要道路。

當神帶領以色列人出埃及時，因顧慮以色列人遇到打仗的事就退縮了，所以不走沿海的路。此外，為了訓練與組織以色列人成為一個民族、一個國家，神帶領他們避開書珥之路與曠野之路，來到西奈半島的南端，政治的三不管地帶。以色列在這裡安營一年，摩西頒布神的律法誡命，建立以色列的信仰生活。當以色列人成為一個有組織、有紀律的族群後，神將他們從西奈曠野領出來，沿著阿卡巴灣西側來到巴蘭曠野，然後進入北西奈半島的加低斯，準備經由加低斯進入以色列的中央山地。

加低斯（Kadesh） 是位於巴蘭曠野與尋曠野交界處的綠洲區域，是前往迦南地的門戶。許多聖經學者一致認為加低斯位於在埃及與以色列交界處，今日名為 Ein Qadesh 的綠洲，那裡水源豐富，適合居住。由於加低斯在族長時期是希伯崙到埃及書珥的古代交通路線，是迦南地進入埃及的通道，也是埃及進入迦南地的門戶。根據創世記的記載，這裡留有族長亞伯拉罕、以撒的腳蹤（創二十1）。四百多年後，出埃及的以色列民也來到此地。

從以色列的比尼亞干望向加低斯，加低斯位於遠方山陵線的邊界之後，照片中的河谷可通往加低斯。

163

　　民數記十三章描述，以色列全會眾在加低斯紮營，摩西從以色列的十二支派中各挑選出一名探子，打發他們窺探迦南地（民十三 1-20）。過了四十天，十二名探子帶著迦南地出產的果實回到營地，並向摩西、亞倫與以色列的全會眾報告窺探結果：「我們到了你所打發我們去的那地，果然是流奶與蜜之地，這就是那地的果子。然而住那地的民強壯，城邑也堅固寬大，並且我們在那裡看見了亞衲族的人。亞瑪力人住在南地；赫人、耶布斯人、亞摩利人住在山地；迦南人住在海邊並約旦河旁。」（民十三 21-29）。他們又說：「**我們所窺探經過之地，是吞吃居民之地，我們在那裡所看見的人民都身量高大。我們在那裡看見亞衲族人，就是偉人，他們是偉人的後裔。據我們看自己就如蚱蜢一樣，據他們看我們也是如此。**」（民十三 32-33）。

　　那時，神為以色列人打開進入迦南地的機會之門，預備帶領以色列人循著族長們的腳蹤，北上經由別是巴、希伯崙進入迦南的中央山地。然而，以色列民聽取惡信，大聲哀嚎，甚至向摩西、亞倫發怒抱怨。此時探子當中的迦勒與約書亞，撕裂衣服對以色列全會眾說：「我們所窺探經過之地是極美之地。耶和華若喜悅我們，就必將我們領進那地，把地賜給我們，那地原是流奶與蜜之地。但你們不可背叛耶和華，也不要怕那地的居民，因為他們是我們的食物，並且蔭庇他們的已經離開他們。有耶和華與我們同在，不要怕他們！」但是失去理智的以色列百姓，根本無法聽取建言，反而拿起石頭攻擊迦勒與約書亞。此時耶和華的榮光顯現，要以瘟疫滅絕這群悖逆的以色列人，摩西為以色列人懇切代求，耶和華才轉離怒氣不滅絕悖逆的會眾（民十四 1-20）。

迦南土產，以色列希伯崙—拉吉公路旁的葡萄園，
摩西差派十二探子窺探迦南地，探子帶著迦南的土產回到營地。

　　但是以色列人必須承擔悖逆的後果，耶和華說：「你們的屍首必倒在這曠野，並且你們中間凡被數點、從二十歲以外向我發怨言的，必不得進我起誓應許叫你們住的那地；惟有耶孚尼的兒子迦勒和嫩的兒子約書亞才能進去。但你們的婦人孩子，就是你們所說要被擄掠的，我必把他們領進去，他們就得知你們所厭棄的那地。……你們的兒女必在曠野漂流四十年，擔當你們淫行的罪，直到你們的屍首在曠野消滅。按你們窺探那地的四十日，一年頂一日，你們要擔當罪孽四十年，就知道我與你們疏遠了。」（民十四29-34）。以色列會眾聽見耶和華的話，就大大後悔悲哀，清晨起來決定上山與迦南人爭戰，然而為時已晚，失去神同在的爭戰，以色列人被大大殺敗直到何珥瑪（民十四39-45）。此事以後，摩西就領著以色列人從紅海的路往曠野去，於是以色列人開始那段在巴蘭曠野漂流的日子。

　　讀著民數記，我讀到一股淡淡的憂傷、深深的遺憾……為以色列人在加低斯錯失良機感到遺憾，在曠野中一次次的軟弱跌倒而憂傷。那一句**「至於你們，你們的屍首必倒在這曠野」**（民十四32），讀來膽戰心驚，深知道「錯過，就永遠錯過了」！出埃及的那一代，除了約書亞與迦勒兩人能進入應許之地，其餘的都倒在曠野中，無法親眼看見神為他們預備的應許之地，何等遺憾！何等悲哀！這事是怎麼發生的？我看見加低斯是通往應許地的機會之門，第一次開門時，以色列民因為小信，未能進入應許之地，開始曠野漂流的日子（民十三～十四），一種漫無目的行走，說穿了那個不信的世代「活著，只是為了等死」！經過四十年，神再度開門，帶領新的世代邁入新的旅程（民二十）。

　　細細回想我們的生命，是不是也曾錯過「加低斯的機會之門」？錯過裝備學習、錯過良師益友、錯過對的人、錯過建立家庭、錯過好的工作、錯過職涯開展高升……等。抑或是我們的生命如同曠野一般，老是在同樣的問題中打轉，虛度光陰、毫無目標，活著只是為了生老病死，然後呢？幸好！得救永遠不嫌遲，神為我們預備離開曠野的道路，就是耶穌！祂能夠帶領我們脫離惡性循環，進入生命的直線跑道，祂是我們生命的標竿，使我們能夠忘記背後，努力面前的，向著標竿直跑（腓三13-14）。因為耶穌，我們可以活出全新的生命。記得，耶穌永遠為您打開加低斯的福音之門，祂正邀請您進入流奶與蜜之地！

二、曠野求生

錯過進入應許之地的以色列人，開始曠野漂流的日子。然而在乾涸的曠野中要如何生存呢？我們在貝都因人身上找到答案。貝都因人在以色列的南地曠野以游牧為生，他們沿著乾谷尋找水源，曠野雖然乾旱，但是偶而會有間歇性的雨水滲入地下岩層，曠野中的植物會向下扎根，尋找藏匿在岩盤中的地下水，進而形成綠洲，這些植物是牧人尋找水源的重要指標。貝都因人沿著乾谷綠洲放牧紮營，如同當年以色列人的生活方式，羊群是他們重要的財產，生活所需幾乎

都從羊群身上獲得。羊奶可製成酸奶，是蛋白質的來源；剪下羊毛可織布成衣，作為保暖蔽體的衣著，也是帳幕的材料。一般來說除非節慶或宴客，否則他們不會輕易宰殺羊隻。貝都因人的生活方式，幾千年來沒有太大的改變，我們可從他們身上略見以色列人漂流曠野的生活方式。

現代貝都因人的居住地，在乾谷地紮營。

▲西奈半島貝都因人的羊群。
▼乾谷的葡萄園。

皂莢樹掛著貝都因人的簡易帳篷。

西奈半島曠野上的藥草。

今日在約旦安曼考古博物館收藏有貝都因人的文物，可以讓我們一窺古代游牧民族的生活樣貌。

▲貝都因人文物，實用器皿、咖啡壺、駱駝坐墊。
▼貝都因人文物，生活物件與織品。
（收藏於約旦安曼考古博物館）

▲貝都因人文物，製作酸奶的皮袋。
▼貝都因人文物，古代刻石。
（收藏於約旦安曼考古博物館）

另外在乾谷河床上，我們可以看見曠野中最常見的植物：皂莢樹（Acacia Tree）、掃帚樹（Broom Tree，又稱羅騰樹），這兩種耐旱植物所在的乾谷岩層，藏有豐富的水源，是以色列人安營歇息的重要指標。此外，皂莢木是當年以色列人搭蓋會幕、製作約櫃的重要材料（出卅五～卅八）。掃帚樹可以提供旅人歇息的陰涼之處，古時以利亞逃避耶洗別來到曠野，就是在羅騰樹下吃喝休息（王上十九 4-6）。可見當時以色列人生活所需的物資，無不就地取材，取之於自然。

▼皂莢木。 ▲掃帚樹。

上一回，神在西奈曠野型塑以色列人成為一個群體，一國國家。錯過加低斯機會之門的以色列人，神再次帶他們進入曠野磨鍊心志，下一站我們來到巴蘭曠野觀看神如何煉淨以色列的生命。

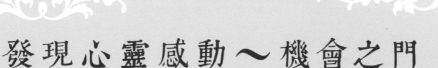

發現心靈感動～機會之門

信就是所望之事的實底，是未見之事的確據。

（希伯來書十一 1）

我在加低斯，聽見古時以色列人的哭泣，一種不信的後悔，一種錯過機會之門的遺憾……根據聖經上的描述，以色列第一代錯過加低斯，此生難再有機會進入應許之地了。為什麼會發生這樣的憾事？只因他們相信肉眼所見，無法相信神的應許。

俗話說：「眼見為憑」，套句現代流行語「有圖有真相」。但是當現實環境看不到跡象時，到底要不要相信？然而聖經上所說的信心，卻不是如此。

信就是所望之事的實底，是未見之事的確據（來十一 1）。神所賜的信心不是眼見為憑，而是以神的話為憑據。神應許亞伯拉罕的後裔要如天上的繁星，成為大族，又賜迦南全地成為他的產業，亞伯拉罕信耶和華，耶和華就以此為他的義（創十五 5-7）。然而亞伯拉罕終其一生都沒能親眼看見應許的實現，直到四百多年後，以色列人在埃及成了大族，進入迦南得地為業，神應許才算完全兌現。即便如此，亞伯拉罕在世的日子，仍然信靠耶和華，以神的話語為憑據，難怪被稱之為信心之父。

來看第一代的以色列人，聽信窺探迦南探子的回報，他們以肉眼看見現實環境中的巨大困難，不相信神的應許，以至於錯過加低斯的機會之門，終生漂流曠野，看不見生命的出路。原來信心不是建立在「眼見為憑」，而是根植於「神的應許」，需要用屬靈的眼睛，才能看見。如同亞伯拉罕的信心之眼，可以穿越時空，遙見四百多年後的未來。

在我們的生活中，神也為我們開啟加低斯的機會之門，需要我們以信心之眼留意觀看，更要緊緊抓住神的應許，用行動來回應神的呼召，好讓我們能進入命定，完成神國度的旨意。

想起我們派駐土耳其的那些日子，神呼召我們以文字事奉祂，當我們開始聖地考察、寫作出版的工作時，我們沒有名氣、沒有金援，更沒有出版社的幫助。那時，我們全家經常輕裝上路，憑著信心行走聖地，帶著熱情搖動筆桿，我們根本不知道這些資訊何時可以公諸於世，就是天天倚靠神，專一竭力的擺上。我們的想法很簡單，做我們能做的，其餘的是神的工作，這是一種單純的信靠。如果我們願意閉上肉體的眼睛，別讓眼前的現實困擾我們，反而打開心靈的眼睛，轉眼仰望神，屬靈的視角將幫助我們更明白神的心意，並且帶著神的應許，竭力朝著主發命令的道上直奔！

遺憾的以色列民，選擇了放棄，以至於終生漂蕩在曠野中。然而，神的工作不止息，在曠野裡，神陶塑以色列民，興起屬靈的第二代，承接使命，繼續完成神的旨意……

巴蘭谷地 Karkom 營地的十二立石遺跡。

第二站　巴蘭曠野
看見巴蘭曠野

巴蘭曠野（Paran Desert）位於拉蒙裂谷（Ramon Crater）以南直到紅海的區域，氣候乾燥炎熱，由於地質呈現紅褐色，因而被稱為紅色曠野。今日以色列觀光局在巴蘭曠野的乾谷地設置多條健行路線，提供以色列的青年學子們，進行冬季健行露營，親身體驗先祖們漂流曠野的生活。

　　此外，現代以色列建國不易，周圍穆斯林國家環伺，為加強軍力，以色列當局在巴蘭曠野的不毛之地設置了飛彈射擊區，基於安全考量，想要在巴蘭曠野旅行，須注意各區域的開放時間。

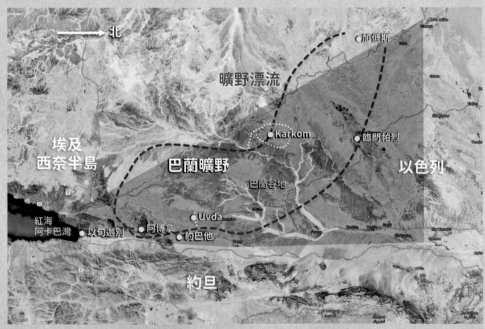

▲曠野漂流四十年，巴蘭曠野漂流路線及地點（Google Map Earth 地圖）。

聽見土地故事

當以色列人來到巴蘭曠野的加低斯，神吩咐以色列人從加低斯北上進入迦南地，然而因為以色列人的小信悖逆，錯過進入應許之地的機會之門。於是神改變計畫，吩咐摩西：你們要轉回，從紅海的路往曠野去（民十四 25），於是以色列人轉往南方，往紅海的方向前進，開始曠野漂流的日子。我們對照以色列官方地圖，發現巴蘭曠野（Paran Desert）位於拉蒙裂谷以南直到紅海的區域，因此我們大致可以推論以色列人漂流曠野四十年，主要的生活區域應該在巴蘭曠野，神透過曠野漂流的日子，操練以色列人遵行律法和誡命，活出敬虔的生命。

根據民數記卅三章，以色列人在巴蘭曠野的行程為：臨門帕烈、立拿、勒撒、基希拉他、沙斐山、哈拉大、瑪吉希錄、他哈、他拉、密加、哈摩拿、摩西錄、比尼亞干、曷哈及甲、約巴他、阿博拿、以旬迦別。目前聖經學者推測出的地點有：臨門帕烈、比尼亞干、約巴他、阿博拿、以旬迦別，其餘地點仍是未知。

從臨門帕烈之後到約巴他之間的立拿、勒撒、基希拉他、沙斐山、哈拉大、瑪吉希錄、他哈、他拉、密加、哈摩拿、摩西錄、曷哈及甲，可能位於巴蘭谷地及其週遭，因此我們將這些地方統稱為巴蘭谷地。

此外，考古學家陸續在巴蘭曠野發現多處立石遺跡與疑似會幕基石的遺址，雖然年代鑑定尚未確定是摩西時代，但是這些遺跡可以說明古代這裡曾有游牧活動，並發展出立石文化，可見這裡曾是水源綠洲，適合放牧與紮營。以色列人在曠野漂流，水源是每日民生問題，因此在曠野漂流時，以色列人極有可能循著前人游牧的蹤跡來到水源綠洲地。縱然不能肯定這些遺跡是以色列人所留下，但是我們可以從遺跡所在地一窺以色列人漂流曠野時所見的景象，體驗曠野漂流的生活。以下讓我們從**臨門帕烈**、**巴蘭谷地**、**約巴他**、**阿博拿**、**以旬迦別**等地，感受當年以色列人漂流的情形。

一、臨門帕烈（Rimmon Perez）

在漫長的漂流曠野期間，能夠記載的事件寥寥無幾，這四十年聖經上只記載了兩個事件：可拉叛亂（民十六～十七）、頒布祭司職責與除汙穢水的條例（民十八～十九）。

大裂谷公路旁的 IBEX，中文聖經譯為麋鹿（申十四5）。

　　民數記十六章記載：可拉一黨挑戰摩西與亞倫領導的權柄，聳動以色列百姓叛亂，當時耶和華使可拉黨人腳下的地開了口，將可拉一黨人吞吃下去（民十六31-33）。百姓因為可拉的緣故，向摩西與亞倫發怨言，耶和華興起瘟疫要除滅悖逆之民，摩西命亞倫速速拿著香爐站在活人死人中間，瘟疫才止住（民十六41-50）。

臨門帕烈大裂谷，今名拉蒙裂谷，是平原上突然陷下的大裂谷。

　　我們在臨門帕烈可以稍稍感受當時的情況。**臨門帕烈（Rimmon Perez）**的原意是石榴裂谷，和今日以色列地名**拉蒙裂谷（Ramon Crater）**同義，因此有人認為臨門帕烈就是尋曠野與巴蘭曠野的交界處的拉蒙裂谷。從地形看來，拉蒙裂谷形狀像一個拉長的心臟，又像石榴形狀，是世界上最大的 Makhtesh 裂口，長 40 公里，寬 2 至 10 公里，深 500 米，最低處有綠洲 Ein Saharonim。Makhtesh 裂口不是隕石坑、也不是火山口，是全世界以色列才有的獨特地形，遠古以前這裡位於海底，後因版塊變動，並隨著約旦大裂谷的形成而升到海面上，經過長期侵蝕才造成目前大裂谷地形，由於裂谷位於火山地震帶，因此有柱狀玄武岩的地質景觀，岩層中也因礦質不同而形成彩色岩層。

黑色玄武岩。

　　站在這裡遙想千年以前，神使地開口、吞吃叛亂的以色列民，這樁歷史事件讓我們對聖潔的耶和華心生敬畏。今日在拉蒙裂谷區域有黑色玄武岩山丘與乾谷地，以色列觀光局將此地規劃成露營健行路線，有完善的露營設施和路線指標，適合曠野體驗行程。

乾谷岩層礦質豐富，呈現彩色岩層，旁邊黑白塗漆是健行步道的引導路標。

在可拉事件後，為了在百姓面前確認亞倫大祭司的權柄，神吩咐摩西將以色列的十二支派的首領名字分別刻在十二根杖上，放在會幕約櫃前，神所揀選的大祭司，他的杖必發芽。隔日摩西取出杖，只有利未族亞倫的杖發芽開花，並且結了熟杏。摩西把所有的杖都拿出來給以色列眾人看，他們看見亞倫的杖，有蒙神揀選的記號，摩西將亞倫的杖放在約櫃內作為紀念（民十七），隨後摩西頒佈祭司職責以及除汙穢水的條例（民十八～十九）。

通常律法誡命都是在以色列安營時頒定，我們在裂谷附近發現兩處方形地基，其中一處為長 10 公尺、寬 8 公尺的規格，與摩西時代的會幕規格相近，雖不能判定是以色列人留下的會幕基石，但是遺跡附近有乾谷綠洲，適合做為游牧營地。站在這裡，我們可以懷想當年以色列人圍繞著會幕安營，看見亞倫的杖發芽，領受神曉諭摩西的律法誡命。

臨門帕烈另一處的方形地基，今名為 Ramat Saharonim。

臨門帕烈附近乾谷的方形會幕地基，規格 10 公尺 X8 公尺。

二、巴蘭谷地（Wadi Paran）

巴蘭谷地健行路線

關於民數記中立拿、勒撒、基希拉他、沙斐山、哈拉大、瑪吉希錄、他哈、他拉、密加、哈摩拿、摩西錄等，目前無法確定的地點，原因是：摩西記

眺望巴蘭谷地。

錄地點時,通常以事件或心情進行描述,例如:哈拉大(Haradah)是可怕之意,密加(Mithcah)是甜蜜。我們約略知道這些地點位於巴蘭谷地,但無法定位出精確的位置,因此我們透過巴蘭谷地來感受這段曠野漂流的情形。

　　目前以色列觀光局將**巴蘭谷地（Wadi Paran）**規劃為健行路線，在這裡我們巧遇來此處健行野營的以色列青年，他們一群群、井然有序的編組，依序前進，彷彿看見了千年以前，摩西領以色列人出埃及時，十二支派按著耶和華的吩咐安營與起行（民二），這樣的景象使聖經裡描述頓時鮮活起來。

　　站在巴蘭懸崖邊，登高臨下眺望無邊無際的曠野，心與這片遼闊的曠野相連。沿著巴蘭谷地前進，陸續會經過幾個露營地，現今是以色列青年學子體驗曠野生活的好去處，而這些營地附近有岩雕藝術，可能是當年以色列民留下的痕跡。遙想當年以色列民曾經在這裡漫無目的虛晃光陰，直到出埃及的那一代倒在曠野（民卅二 13），新的世代才看見出路，心裡不由得一陣戰兢……

巴蘭谷地健行路線。

以色列青年學子站在巴蘭懸崖邊，登高臨下眺望無邊無際的曠野。

Karkom 健行路線

同樣位於巴蘭曠野的 **Karkom**，留有許多先人游牧安營的遺跡，Karkom 是今日以色列國軍的飛彈射擊區，基於安全考量，平時不對外開放，如要進入參觀，需參考官方網站的開放時間，並且由導遊帶領陪同，才能入內參觀。此外 Karkom 地區沒有鋪設柏油路，必須借助四輪傳動的吉普越野車，才能完成探索。

根據同行導遊的介紹，冬季是曠野的雨季，來自地中海的水氣，在曠野上空凝結成雲，下起間歇性的陣雨。此時曠野裡的乾谷，匯集雨水成為小溪流，滋潤大地。隱藏在礫石砂土中的種子，把握短暫的雨季，完成開花結果延續生命的任務。乾谷溪流除了蒸發之外，也會滲入土層，成為地下水，供應曠野植物的需要，所以從曠野植物的分佈，可以判斷地底下暗藏的水流。雖然曠野的天然環境相當貧脊，但是養活一小群人，應該是沒問題。但是如果要供應一個族群，如聖經描述以色列十二支派的男男女女、大小牲畜，應該是不可能，除非是神蹟。

Karkom 健行路線。

雨水在 Karkom 山谷形成水塘。

▲天空佈滿雲層，表示在曠野中有時會下起間歇性的陣雨。
▼從曠野植物的分佈可以判斷地底下暗藏的水流。

雨後的 Karkom 山谷，曠野植物沿著間歇性的溪流生長。

▲▼曠野植物把握短暫的雨季開花結果。

　　當吉普車穿越令人心驚的飛彈射擊場，地面上還留有砲彈的鋼鐵殘骸，導遊似乎感受到我們的驚恐，立馬快踩油門，疾駛而過，終於來到一處山陵乾谷地。這裡留有以色列先祖紮營的痕跡：十二立石、祭壇、金燈台的石刻、十誡法版的圖案，這樣的場景讓人想起以色列人在西奈山紮營的日子，難怪一名來自義大利的考古學家，認為這裡是聖經裡的西奈山。且不論這裡是否為西奈山，豐富的遺跡足以說明以色列曾在這裡紮營，也許是漂流曠野四十年間，其中一個安營之處。

▲ Karkom 營地的夕陽。
▼ Karkom 營地遺跡，排成一圈的石頭為營地的基石。

▲ Karkom 營地的刻石遺跡，圖中有十誡石版的圖案。
▼ Karkom 營地的刻石遺跡，圖中是金燈檯的圖案。

獻祭的牲畜放置在石塊上宰殺。

十二立石遺跡

營地的祭壇

圖／巴蘭谷地，位於 Karkom 營地的祭壇與十二立石遺跡。

Uvda 健行路線

如同以色列民的立石文化，曠野裡的遊牧民族也會透過立石記念生活中的重要事件。沿著巴蘭曠野的 **Uvda 谷地**前進，可看聚落遺跡及立石遺跡，這些大都在摩西年代以前，足見在摩西年代，就有立石文化，在 Uvda 谷地終點可以眺望死海以及對面的摩押山地，可以想像當年以色列子民遙望摩押地情形。

▲ Uvda 谷地立石遺跡。
▼ Uvda 谷地古代營地遺跡，排成一圈的石頭為營地的基石。

三、約巴他（Jotbathah）

繼續南行，來到**約巴他（Jotbathan，今名 Yotvata）**，這是一處位於約旦裂谷的綠洲。根據摩西記錄的以色列人行程，他們曾在約巴他（Jotbathan）安營停留（民卅三 33-34）。今日的約巴他（Yotvata）是以色列的國家公園，公園亦計畫性的復育聖經裡動植物。園區內皂莢木與掃帚樹遍佈，羚羊、鴕鳥、驢子棲息在其中，這些均是舊約年代的動物，走進約巴他（Yotvata）國家公園，彷彿穿越時空，來到以色列人的安營地。在這裡可以看見申命記中，神吩咐記牛、鹿、綿羊、山羊、羚羊等分蹄及倒嚼的牲畜可食，凡潔淨的鳥可吃，但鴕鳥等不可食（申十四 4-20）。看似乾涸的曠野，過去曾是驢、鹿、綿羊、山羊、羚羊、鴕鳥……等動物的棲息地，真是不可思議。

▲約巴他聖經動物園，驢子。
▼約巴他聖經動物園，Oryx，又稱 Antelope，中文聖經譯為黃羊（申十四 5）。

四、阿博拿（Abronah）

從約巴他起行，以色列人安營在阿博拿（民卅三 34-35），**阿博拿（Abronah，今名 Timna 亭拿）**是古代著名的礦區，先後為埃及法老與所羅門王重要的銅礦場，銅礦是古代製作武器的原料，也是王室飾品器皿常用的材質。現今是以色列的觀光景點，園區內的岩層因所含的礦質不同而呈現出多樣的顏色，保有古代礦坑遺址、挖礦通道、採礦工具、煉銅工具、煉銅場、礦工營地等，在礦區的岩壁上可見古埃及的戰車與埃及法老雕刻。

耶和華在西奈山曉諭摩西建造會幕的尺寸、材料，以色列人按著摩西的吩咐建造會幕（出廿五 1～卅一 11，卅五 4～四十 33），從此神坐在二基路伯的中間，與以色列人同在（出廿五 22）。值得一提的是，亭拿園區有摩西時代會幕、祭司服飾的複製品，是按照出埃及記廿五～三十章的記錄模仿設置。

採銅礦工人營地遺跡

煉銅工作坊。

採礦通道。

哈索（Hathor）神廟，礦工祈求指引
採礦方向。

圖／巴蘭谷地，阿博拿，今名亭拿銅礦場。

五、以旬迦別（Ezion Geber）

聖經中的**以旬迦別**（**Ezion Geber**，民卅三 36）與以拉他（Elath，申二 8），大約位於以色列南端連接紅海處，與西奈半島、約旦裂谷相鄰的區域，又稱為埃拉特山（Mt. Eilat）。埃拉特位於以色列最南端，古代是以東人及所羅門王的重要貿易港口，現代是以色列南方的自由貿易港，與約旦的阿卡巴（Akaba）相鄰，設有以色列─約旦關口（Yitzhak Rabin Checkpoint）。與埃

圖／位於以旬迦別港口的阿卡巴灣。

以旬迦別營地遺跡。

及的西奈半島相連處，設有以色列一埃及關口（Taba Checkpoint），是今日以色列南端的重要都市。

　　以色列人從阿博拿起行後，前往以旬迦別，必須繞行埃拉特山、進入山間谷地。乾古兩側有山丘，中間是平坦的綠洲，具備隱蔽性與便利性，非常適合紮營與搭建會幕，沿途可見立石與營地遺跡，這個區域可能是當年以色列人在以旬迦別的營地（民卅三 36），今日是以色列南端的曠野健行路線。

　　當以色列曠野漂流的日子滿足了，神吩咐以色列人轉向北去，重啟進入應許之地的計畫，下一站我們隨著以色列百姓的腳蹤，來到尋曠野，看見屬靈的第二代如何信心跟隨。

圖／埃拉特山附近的乾谷。

發現心靈感動～曠野淬煉

除去銀子的渣滓，就有銀子出來，銀匠能以做器皿。

（箴言廿五 4）

以色列的曠野，絢麗而孤寂！行走在天寬地闊的曠野中，炙熱的陽光佐上熱氣上騰的大地，若不是乾谷旁曠野植物的庇蔭，我們是一步也走不下去！傍晚時分，金色的陽光彷彿在天空的畫布上，揮灑滿天的色彩，令人驚嘆不已！這片看似浪漫的曠野其實是真實的生命訓練場，偉大的父神就是使用這片曠野，陶塑以色列人的心，我在亭拿銅礦場（阿博拿）的古代煉銅器具中，看見阿爸父的心。

初信之時，我們的生命仍摻雜世界的價值觀、老我的罪行，需要神如同煉銀般，**除去銀子的渣滓，就有銀子出來，銀匠能以做器皿**（箴廿五 4）。於是祂大能的手將我們從岩層中鑿出，放在石臼中磨碎，破碎我們生命中的舊思維、惡習性，再將礦石放到高溫的火爐中焚燒，徹底的燒盡裡面的驕傲、本位的思考，直到礦質與砂石分開，再將純淨、新生的礦液倒入模具中，製作成合用的器皿。如同詩人的描述：**神啊，你曾試驗我們，熬煉我們，如熬煉銀子一樣**（詩六十六10）。神要祂的百姓經過水火，好帶領我們到豐富之地（詩六十六 12），曠野就是神的訓練場，神在這裡熬煉祂的百姓，如熬煉銀子；試煉我們，如試煉金子，為要使我們成為祂的子民，尊耶和華為神（亞十三 9）。

▲阿博拿銅礦場的礦石，象徵神從岩層中鑿出礦石（我們）。

▲阿博拿銅礦場的研磨石臼，象徵神將礦石（我們）放在石臼中磨碎（破碎我們生命中的舊思維、惡習性）。

神曠野中預備摩西四十年，使他從一個逞血氣之勇的人（出二 11-15），蛻變成謙和代禱的器皿（民十二 3），多少次以色列人的悖逆引發神的怒氣，是摩西謙和的代求，使神轉離怒氣，生發憐憫！再看約書亞，他在摩西身旁默默服事四十年，在曠野中神將他從一個幫手改造成一個剛強壯膽的領導者，接續摩西帶領以色列人進入迦南地。大衛躲避掃羅的追殺而藏匿在猶大曠野中，在困難中他仍不住地向神獻上最熱烈的敬拜、最深切的禱告，他是合神心意的人！神的兒子耶穌，也曾進入曠野四十日接受試探，因為曠野的經歷，祂能體貼人的軟弱，擔當我們的憂患。那個逼迫門徒的保羅，因為遇見耶穌，從一個逼迫者轉變成一個傳道者，在亞拉伯的曠野，神將極大的奧秘啟示

▲阿博拿銅礦場的煉銅火爐與風鼓，象徵神將礦石（我們）放到高溫的火爐中焚燒，徹底的燒盡裡面的雜質（驕傲、自我中心、本位思考），直到礦質與砂石分開。

▲阿博拿銅礦場的模具，象徵神將純淨的礦液（我們）倒入模具中（製作成合用的器皿）。

▲阿博拿銅礦場的煉製好的銅礦原物料，象徵使我們成為祂合用的器皿。

他，他便帶著滿腔的熱情，將福音傳到地極！每一個神所重用的器皿都有如此深刻的曠野經歷，當我來到曠野時，思想著摩西、約書亞、大衛、保羅，甚至是耶穌，那些雲彩般的見證都在說：「那是神要用你的前奏！」這振奮著在曠野中的我們：不要憂傷、不要抱怨！要喜樂、全然信靠！迎接所有的破碎與煉淨！相信曠野裡的受苦於我們有益，為要使我們成為祂合用的器皿！

曠野的天空很藍，曠野的土地很純淨，曠野裡的足跡不孤寂，以色列的先祖們在這片曠野裡留下深刻的經歷。願我們在天上的父，開我們的心眼，看見生命中的曠野，擁抱所有的煉淨！看見耶穌，帶領我們走出曠野、迎接新生命！

第三站　尋曠野

看見尋曠野

尋曠野（Zin Desert）位於別是巴以南，直到拉蒙裂谷（Ramon Crater）之間的區域，由於尋曠野呈現出灰白岩層，又稱為白色曠野。在尋曠野中，有一條由綠洲串接而成的古道，從阿拉伯半島經過約旦大裂谷，橫跨尋曠野直到埃及西奈半島，聖經稱之為亞他林路（The Rosd of Atharim），英國欽定版聖經（KJV）譯為探子之路（The way of the spies）。由於這條路徑是古時重要的貿易路線，往來阿拉伯與埃及的古代商旅，經由這條古道進行交易活動，香料更是其中貿易的大宗。因此今日以色列觀光局將此路徑以香料之路（Incense Route）為名，申請世界遺產。這條古道也是摩西帶領以色列人穿越尋曠野，進入摩押山地的重要路線。

▲沿尋曠野進入摩押山地的路線及地點（Google Map Earth 地圖）。

聽見土地故事

經過了將近四十年，當以色列人在曠野繞行的日子滿足了，出埃及的那一代父老都倒在巴蘭曠野裡，神曉諭摩西帶領以色列民轉往北去（申二 1-3），為以色列新生代再次開啟機會之門。於是以色列會眾從以旬迦別起行，北上來到尋曠野加低斯（民二十 1，卅三 36），這意味著以色列結束漫無目的曠野漂流，準備經過以東地界前往摩押山地，預計從約旦河東進入迦南地（民二十～廿一，卅三 36-49）。

以色列民第二次紮營加低斯期間，發生了兩個重要事件：一是摩西的姊姊米利暗在此地離世，葬在這裡（民二十 1）。二是會眾沒有水喝，攻擊摩西與亞倫，耶和華吩咐摩西招聚會眾，在他們眼前「吩咐」磐石出水，然而摩西與亞倫卻「擊打」磐石出水，因此神向摩西與亞倫發怒，不得進入迦南地（民二十 2-12）。

在加低斯重整旗鼓後，摩西差派使者去見以東王說：**「求你容我們從你的地經過，我們不走田間和葡萄園，也不喝井裡的水，只走大道，不偏左右，直到過了你的境界。」**（民二十 17）。沒想到以東王斷然拒絕，甚至派兵出來要攻打以色列民。於是以色列人沿著尋曠野的亞他林路（Road of Atharim），繞過以東地，進入摩押山地，準備從約旦河東進入迦南地，這是神為以色列人規劃的新路線（民二十～廿一，卅三 36-49）。以下讓我們循著以色列人的腳蹤走訪**比尼亞干綠洲、Avdat 綠洲、何珥山、蠍子坡、他瑪**等香料之路的重要地點。

尋曠野呈現出灰白岩層，又稱白色曠野。

一、比尼亞干綠洲 (Bene Jaakan) - Beerotayim綠洲

摩西井

聖經中描述以色列全會眾北上再次來到加低斯，有別於上次紮營在巴蘭曠野的加低斯 (Kadesh in the Desert of Paran) （民十三 26），這次是紮營在尋曠野的加低斯 (Kadesh in the Desert of Zin) （民二十 1）。由於加低斯是巴蘭曠野與尋曠野間的綠洲區，可能的情況是：以色列第一次紮營在靠近巴蘭的加低斯綠洲，第二次紮營在靠近尋曠野的加低斯綠洲。

目前西奈半島北部是叛軍的根據地，無法親眼見證加低斯綠洲，但是從加低斯

乾谷旁山丘上的岩雕遺跡。

綠洲區域延伸到以色列境內有一個 Beerotayim 綠洲，意思是兩口井，因為該綠洲有摩西井、亞倫井遺跡，有人認定該綠洲是以色列旅程中的**比尼亞干（Bene Jaakan）**（民卅三 31-32）。

亞倫井，位於比尼亞干綠洲，
比尼亞干就是兩口井的意思。

乾谷旁山丘上的岩雕遺跡。

古代農場，附近有納巴泰人（Nabatean）的蓄水池。

圖／比尼亞干綠洲（Bene Jaakan）。

　　我們在 **Beerotayim 綠洲**可以看見綠洲代表性植物：棕櫚樹（Palm）、垂絲柳樹（Tamarisk）。棕櫚樹所結的椰棗，富含營養，可以說是古代的巧克力，以色列民藉由椰棗可以在曠野行進中隨時補充能量。垂絲柳樹比一樣沙漠植物更需要水份，通常需要有人特意栽種在綠洲水源地，此外垂絲柳樹成長緩慢，要經過兩個世代才會長成大樹，安坐在垂絲柳樹小憩一番，曠野暑氣全消，可以說是「前人種樹、後人乘涼」，享受前人的庇蔭，亞伯拉罕曾在別是巴種了一棵垂絲柳樹（創廿一 33），意味著亞伯拉罕為後代植樹、祝福後代子孫。Beerotayim 綠洲附近有乾谷，乾谷旁有西元前 1 世紀納巴泰人（Nabatean）的蓄水池以及古代岩雕遺跡。如果我們想要一窺加低斯的樣貌，可以選擇以色列境內的 Beerotayim 綠洲，在這個相似的綠洲場景，我們可以想像當年米利暗逝世、摩西擊石出水的事件（民二十 1-13）。

納巴泰人（Nabatean）的蓄水池，西元前 1 世紀，蓄水池前方綠地為古代農場。

綠洲中巨大的樹木，是左下角人物的十多倍高。

▲綠洲的垂絲柳樹。
▼綠洲的棕櫚樹。

二、Avdat綠洲古城

Avdat 是尋曠野中著名的綠洲古城，也是納巴泰人位於香料之路的重要城市。納巴泰人（Nabatean）就是以東人的後代，西元前 6 世紀南國猶大亡國時，猶太人遭到流放，以東人趁勢進入南地，控制尋曠野的香料之路。今日 Avdat 分成兩個國家公園，一個是納巴泰人的 **Avdat 古城**，古城內保有納巴泰人的城塞遺跡，以及拜占庭時期的教堂建築。另一個國家公園為 **En Avdat 綠洲**，綠洲公園有兩個入口，南入口靠近 Avdat 古城，沿著乾谷前進，可望見水泉峭壁，北入口處有以色列國父（第一任總理）Ben Gurion 的陵寢，這裡是制高點，可以眺望尋曠野的香料之路。

En Avdat 綠洲，北入口是 Ben Gurion 的陵寢，是制高點，可以眺望整個綠洲。

　　鄰近 Avdat 綠洲不遠處，有座納巴泰人的古城 Shivta，也是古時香料之路的重要城市，今日仍保有拜占庭時期的教堂遺跡。以色列人可能經過 **Shivta 古城**來到 En Avdat 綠洲南入口，沿著乾谷來到北入口，繼續向何珥山前進。

▲ Shivta 古城，拜占庭教堂遺跡。

▲ Shivta 古城，釀酒槽。

Avdat 古城，納巴泰人的城塞遺跡。

Avdat 古城附近的刻石遺跡。

　　曠野並非沒有水源，曠野裡有許多綠洲，綠洲往往隱藏在曠野谷地，惟有深入谷地才會發現，尋找曠野裡的綠洲，需要豐富的經驗，也許這就是神先遣摩西在曠野熬練四十年的原因：塑造摩西成為有經驗的曠野嚮導，才能帶領以色列人漂流曠野。En Avdat 綠洲藏匿在乾谷某處，不但有水源，並且源源不絕、豐沛不

旅人行走於 En Avdat 綠洲。

已，甚至在綠洲水池中，有螃蟹的蹤跡，實在難以想像。神將人引到曠野進行磨練，同時也預備夠用的恩典。此外，曠野並非如想像中的乾燥，曠野中的空氣含有水氣，雖然白天炙熱，但是晚上氣溫下降，空氣中的水氣到隔日清晨就凝結成露珠，有些曠野植物靠著清晨的露珠就能存活。

En Avdat 綠洲，水泉自峭壁形成瀑布流下。

En Avdat 綠洲螃蟹。

三、何珥山 (Mt. Hor) 與蠍子坡 (Scorpions Ascent)

何珥山，以色列版的亞倫逝世處。

以色列全會眾來到**何珥山（Mt. Hor）**，以色列稱之為 Mt. Zin。摩西按著神的吩咐帶著亞倫和他的兒子以利亞撒上到何珥山，亞倫在那裏離世，摩西將亞倫身上的聖衣脫下，給他的兒子穿上，從此以利亞撒接續亞倫做以色列的大祭司。以色列民為亞倫哀哭了三十日（民二十 22-29，卅三 38-39）。何珥山位於尋曠野的東部，靠近香料之路東出口，是一座白色的山丘平台。

蠍子坡（Scorpions Ascent）是香料之路向東走出尋曠野的位置，站在 227 公路制高點處的瞭望點，天氣好的時候可以眺望尋曠野與何珥山，這是神量給以色列應許之地的南界（民卅四 4）。羅馬人於西元前 1 世紀建立阿拉伯省，為了控制香料之路，開闢一條從希伯崙經由 Mamshit 古城到埃拉特（Eilat）的羅馬路，這條羅馬路會經過尋曠野的蠍子坡，因此又稱為羅馬坡（Roman Ascent）。

聖經上記載住在南地的迦南人亞拉得王聽見以色列人從亞他林路來，就出兵與以色列人爭戰（民廿一 1）。由於亞拉得位於蠍子坡北方，因此迦南人應是下至蠍子坡進入尋曠野的香料之路東端，出兵與以色列人爭戰。

從蠍子坡遠望何珥山與尋曠野的亞他林路出口，亞拉得王出兵到此攻擊以色列人。

四、他瑪（Tamar）

從何珥山往摩押山地的路程中會經過一座古老的城市：**他瑪（Tamar）**，今名艾因（Hazeva）。這座城的故事記錄在聖經裡創世記十四章：當四王與五王交戰時，四王把住在所多瑪的羅得一家擄去，亞伯拉罕為營救羅得，帶著家中的精練壯丁，殺敗敵人，包括住在他瑪的亞摩利人（創十四7）。當亞拉得王出兵攻擊以色列人，以色列人大擊敗亞拉得王，直到何珥瑪（Hormah）可能就是後來的他瑪（Tamar）。過了許多年，以色列終於建立自己的國家，西元前10世紀所羅門王在此建立以色列堡壘，保護從葉門到迦薩與西奈半島銅礦區的香料路線，之後南國猶大王也陸續修築堡壘。西元前1世紀納巴泰人在此修築驛站，提供商旅服務，後羅馬占領該區，並取得香料之路的控制權，設立軍營和澡堂。可見此城自古以來是香料之路的重要城鎮，以色列人走出尋曠野、進入摩押山地可能會經過此城。

他瑪（Tamar），今名艾因（Hazeva）。

五、南地曠野—亞拉得（Arad）

亞拉得（Arad）在摩西時代是座迦南人的城市，位於以色列的南地（Negev）。亞拉得王聽說以色列人從香料之路出來，便出兵攻擊，結果以色列人大大得勝，並且將迦南人的城市完全毀滅，包括亞拉得城，直到何珥瑪（民廿一 1-3）。到了王國時期，以色列人在迦南人城市的上方建立堡壘，堡壘中設有小型聖殿與食物儲藏室。考古學家在這裡挖掘出西元前 9-6 世紀的亞拉得書信，書信顯示亞拉得指揮官在軍事與行政上的指令，以及各樣物資的調度管理，包括：油、葡萄酒、小麥、麵包等。此外西元前 6 世紀的亞拉得陶片中，出現「耶和華賜福……」等字樣，可見當時亞拉得是猶大國南方邊境的重要防衛城。今日在亞拉得古城丘可以看見山丘下的迦南人城市，制高點是以色列的堡壘。

亞拉得古城丘，古城丘的制高點是以色列堡壘，山丘下是迦南人城市。

▲亞拉得古城丘望向尋曠野方向，亞拉得王聽說以色列人從香料之路出來，從亞拉得派兵攻擊。

▲古城丘上方是以色列堡壘，設有小型聖殿。
▼亞拉得古城丘小型聖殿的至聖所（收藏於以色列博物館）。

▼亞拉得古城丘下方是迦南人的城市。

走出尋曠野的以色列人，準備穿越亞拉巴谷地，向東進入摩押山地，下一篇我們隨著摩西的腳蹤，觀看以色列民如何過關斬將，得著約旦河東地。

發現心靈感動～香料之路

> 惟有你們是被揀選的族類，是有君尊的祭司，是聖潔的國度，是屬神的子民，要叫你們宣揚那召你們出黑暗，入奇妙光明者的美德。
>
> （彼得前書二 9）

經過曠野淬鍊的以色列新生代，再次來到尋曠野的加低斯，這一次他們不再一樣，是耶和華揀選的族類，是有君尊的祭司，是聖潔的國度，是屬神的子民，要在尋曠野的香料之路，宣揚那召他們出黑暗，入奇妙光明者的美德。於是他們勇敢殺敗亞拉得王，見證耶和華是真神、是活神、是得勝的君王。

我在香料之路，聞到以色列百姓身上散發的馨香之氣！

　　舊約時代，亞倫一脈承接祭司的職分，以色列民需要透過祭司，才能來到神的面前禱告獻祭。在香料之路的何珥山，亞倫安息了，將祭司的職分繼續傳承下去。今日神卻應許我們：**惟有你們是被揀選的族類，是有君尊的祭司，是聖潔的國度，是屬神的子民，要叫你們宣揚那召你們出黑暗，入奇妙光明者的美德**（彼前二9）。因為耶穌的捨命，每一位屬神的兒女都可以披戴耶穌潔白的義袍，成為君尊的祭司，坦然無懼的來到施恩座前，向神獻上禱告與感恩的祭。

　　一種全心相信、絕對信靠、敬畏感恩的香氣，如同敬拜般上達諸天，這香氣也成為神與以色列同在的記號。因著神同在，以色列能夠殺敗亞拉得軍兵，在香料之路揚名立威，使得往來香料之路的商旅，都知道耶和華是大而可畏的神！想到歸信基督的我們，是否也常常帶著耶穌的香氣，讓人看見，真有神活在我們裡面？神選召我們成為祭司，不單單是為了敬拜祂，更是要在生活中活出基督的樣式，使得往來我們生活圈的親友們，都聞到基督的馨香之氣，用我們生命來宣揚祂的美德，時時傳揚基督福音的美好消息。

從馬撒大沿公路 3199 到亞拉得。

第三篇 往摩押的路程

摩西從摩押平原登尼波山，上了那與耶利哥相對的毘斯迦山頂。

耶和華把基列全地直到但，拿弗他利全地，以法蓮、瑪拿西的地，

猶大全地直到西海，南地和棕樹城耶利哥的平原，直到瑣珥，都指給他看。

耶和華對他說：「這就是我向亞伯拉罕、以撒、雅各起誓應許之地，

說：『我必將這地賜給你的後裔』。現在我使你眼睛看見了，

你卻不得過到那裡去。」

申命記卅四 1-4

在**約旦河東地**，讓我們一起進入**民數記廿一～卅六章、申命記**，觀看以色列百姓如何成為耶和華的軍隊，準備得地為業。

圖／約旦普嫩河谷的健行者。

往摩押的路程

在 約旦河東地，讓我們一起進入**民數記廿一～卅六章、申命記**，觀看以色列百姓如何成為耶和華的軍隊，準備得地為業。

▲往摩押的路程（Google Map 地形圖）。
　依路線分為：1. 立銅蛇；**2. 得河東**；3. 望迦南。

前情提要

四十年前，以色列人因為悖逆，錯過了加低斯的機會之門，開始曠野漂泊的日子，漂蕩在巴蘭的荒漠野地間，耶和華在曠野裡熬煉他們的心志與性情。直到新的世代興起，神再次將以色列人領到加低斯，沿著尋曠野走在古時的香料之路，開始一趟全新的旅程。

展開旅程

歷經四十年的熬練，以色列人終於等到離開曠野日子，準備進入應許之地。這一次，他們不再是從南方而來，乃是越過亞拉巴谷地，來到摩押山地，一路北上直達約旦河東岸，紮營在什亭，站立在尼波山，眺望思思念念的迦南美地！翻開民數記廿一～卅六章、申命記，讓我們與以色列人一起踏上往摩押的路程，共同經歷：**1. 立銅蛇；2. 得河東；3. 望迦南。**

以色列青年在曠野健行。

221

第一站 立銅蛇

看見普嫩河谷

聖經地名普嫩（Punon），今日稱之為費嫩河谷（Wadi Faynan，Phinon，Phainon），位於今日約旦（Jordan）境內的 Tafilah 鎮。此河谷擁有豐富的地質樣貌與自然生態，約旦將此處設為 Dana 自然生態保護區，是約旦著名的健行路線。

Dana 自然生態保護區有兩個入口，一處位於摩押山地，另一處是在亞拉巴谷地。由於這裡是自然生態保護區，不可以設置餐廳旅館，因此只有在摩押山地或是亞拉巴谷地的入口處才設有民宿餐廳，提供健行者休息用餐。通常健行者會選擇在摩押山地的入口處，住宿一晚，早晨開始從摩押山地往亞拉巴谷地健行而下，比較輕鬆，傍晚可以請旅館派車接回用餐。

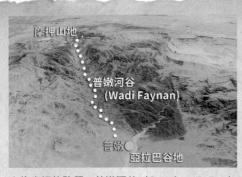

▲ 往摩押的路程，普嫩河谷（Google Map Earth
地圖）。

▲ Dana 自然生態保護區的旅館與餐廳，位於普
嫩河谷入口處。

普嫩河谷（Punon），位於今日約旦境內的 Dana 自然生態保護區。

聽見土地故事

摩西帶領以色列人從尋曠野的香料之路出來，往摩押山地前進，途中須越過乾燥的亞拉巴谷地。亞拉巴谷地屬於砂質沙漠，加上海拔低，氣候酷熱乾燥。以色列人行經其中，抱怨沒水喝、路難行，於是神派火蛇咬人（民廿一 4-6）。火蛇（venomous snakes），是一種毒蛇，可能是被咬噬之後如同火燒，灼熱異常，因此被以色列人稱為火蛇。

亞拉巴谷地，屬於砂質沙漠，氣候乾燥炎熱，缺乏水源。

普嫩河谷（Punon）

經過曠野的訓練，以色列人馬上意識到抱怨神是一種罪，一種不信任、抵擋神的罪，於是來到摩西面前說：「我們怨讟耶和華和你，有罪了，求你禱告耶和華，叫這些蛇離開我們。」於是摩西為以色列百姓禱告，神就對摩西說：「你製造一條火蛇，掛在杆子上，凡被蛇咬的，一望這蛇，就必得活。」（民廿一7-8）。普嫩河谷位於古時以東的邊界，入口處有銅礦山，古代銅礦場設立於此，摩西在此處按照神的命令鑄造銅蛇，以色列百姓望見銅蛇便得著醫治（民廿一9）。

亞拉巴谷地進入普嫩河谷處，是古代銅礦場，照片中遠方的山丘是銅礦山。

▲普嫩河谷入口處,照片前方的石堆,是古代煉銅場聚落遺跡。
▼普嫩河谷的銅礦石。　　　　　　　　　　　　　　　　　▼古代煉銅場聚落遺跡,位於普嫩河谷入口處。

　　如前文所提，**普嫩河谷**是今日約旦的 Dana 自然生態保護區，健行者通常選擇從高處的摩押山地一路健行而下，穿越普嫩河谷，來到低海拔的亞拉巴谷地，然後再搭乘接駁車返回旅館。然而，古時以色列人的行進方向與現代健行者不同，是從低處的亞拉巴谷地一路向上攀登。

普嫩河谷健行路線。

　　從亞拉巴谷地到摩押山地海拔落差大，亞拉巴谷地呈現乾燥的沙漠氣候，進入普嫩河谷之後，一路向上，隨著海拔攀升，水氣漸豐，摩押山地在冬季多有雲層，清晨與晚間常有濃霧。普嫩谷地靠近摩押山地的路段，經常下雨，富含水氣，沿途植被豐富，河床上長滿水草，在石頭夾縫處，可以發現蠍子的蹤跡。輕裝健行河谷，沿途欣賞因海拔高度不同所呈現的豐富生態。

▲普嫩河谷，河床上的水草。
▶藏在石頭縫裡的蠍子。
▼堆疊石頭導引健行路線。

此外，由於古時地層活動頻繁，造就普嫩河谷多樣的地質風貌，沿途可看見不同顏色的地質岩層，經過河流侵蝕與歲月風化，處處可看見奇岩怪石遍佈在河谷兩岸之間。

▲▼普嫩河谷，沿途有豐富的地質環境。

　　貝都因人沿著河谷居住，以放牧山羊為生。在普嫩河谷的亞拉巴入口處，可以發現零星的貝都因人聚落，搭建黑色的帳幕，在河谷放牧羊群，過著簡單愜意的生活。從貝都因人的生活，我們可以遙想古時的以色列人，安營在普嫩的生活情景（民卅三 42-43）。

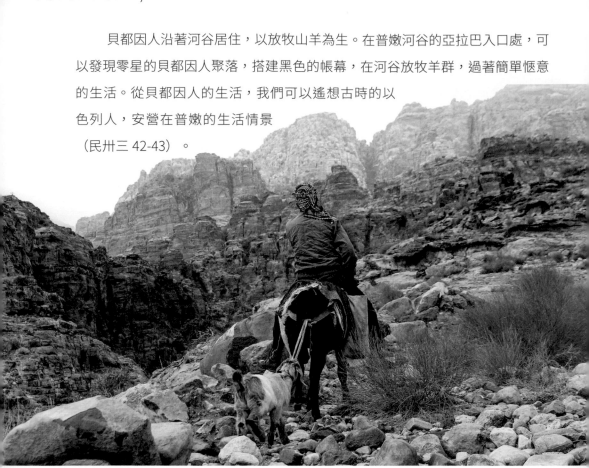

▲貝都因牧人騎著驢子，牽著山羊返家。
▼居住於普嫩河谷的貝都因聚落。

▲貝都因牧人利用山壁岩洞作爲羊圈。
▼貝都因婦女與羊群。

▼小山羊羔。

發現心靈感動～醫治銅蛇

> 摩西在曠野怎樣舉蛇，人子也必照樣被舉起來，叫一切信祂的都得永生（或作：叫一切信的人在祂裡面得永生）。
>
> （約翰福音三 14-15）

當我們走在古時以色列人往摩押的路程時，真實感受到亞拉巴的乾旱無水之地，沙漠的曠野讓人提起腳步行走都感到困難，倘若處於夏日酷暑、日正當中的時節，更是讓人焦躁厭煩。艱難的環境正是考驗我們信仰的真實，我們到底有多信靠神？蒙福的時候歡慶讚美，困苦的時候抱怨連連……，古時以色列人的情緒反應正如我們今日的生活寫照。抱怨是一種抵擋神的罪，不相信神的全能與全備，眼目被當前的困頓所蒙蔽，許多時候我們不也是如此嗎？

　　火蛇是一種警訊，當蛇的毒液沿著神經血管流竄我們全身時，身體如同被火燒灼的疼痛與枯乾。如同猶太詩人在詩篇的描述：**當我閉口不認罪的時候，因終日唉哼而骨頭枯乾**（詩卅二 3）。人世間沒有「罪的解藥」，觀看當年以色列人央求摩西，神醫治的方式並非用使用藥石草木，乃是吩咐摩西鑄造銅蛇掛在杆子上，只要被咬的人抬頭仰望銅蛇，便得醫治。

　　以色列人抱怨的罪，銅蛇替他們擔了，那麼世人的罪，有誰替我們承擔呢？翻開四福音書，耶穌曾說：**「我若從地上被舉起來，就要吸引萬人來歸我。」耶穌這話原是指著自己將要怎樣死說的**（約十二 32-33）。原來，耶穌被掛在十字架上，如同曠野裡舉起銅蛇，只是這一次耶穌是為全世界的罪，忍痛擔責，甚至捨了自己的生命，為要賜給我們永遠的生命。**摩西在曠野怎樣舉蛇，人子也必照樣被舉起來，叫一切信祂的都得永生**（約三 14-15）。

　　抬頭仰望耶穌吧！耶穌是「罪的解藥」，別再因為閉口不認罪，而終日唉哼骨頭枯乾，讓耶穌去除我們生命中罪的毒液，使我們身心靈得蒙醫治與拯救。

普嫩河谷（Punon），向著摩押山地前進。

第二站 得河東

看見河東地

河東地（Transjordan）顧名思義即指約旦河以東的區域，位於今日約旦（Jordan）境內。在出埃及的時代，這裡由南到北分別為以東人、摩押人、亞摩利人、亞捫人的領地，國與國之間通常以河谷為界，在約旦境內有許多河流是東西向橫貫於亞拉巴谷地與摩押山地之間，這些河谷地是交通要道，也是古時的國境界線。有一條王道（King Highway）由北到南縱向貫穿亞捫、摩押、以東等國，是古時的重要貿易路線，商旅往來其中，運送從兩河流域與尼羅河三角洲的貨物。王道也是一條軍事要道，只要控制王道無疑掌握該國的經濟命脈與國土軍權，為此古代各國無不以保護王道為國之重任。

▲河東地：以東、摩押、亞摩利、亞捫，其中以東的領域範圍參考安曼博物館圖示（Google Map 地形圖）。

聽見土地故事

談到河東地王道上的各族各邦，無論是以東人、摩押人、亞捫人，他們是以色列人的近親，這個歷史的源由要從亞伯拉罕與羅得的故事說起，雅各與以掃兄弟相爭談及。因此本篇「聽見土地的故事」，我們將先踏查**死海五城**，聆聽古時所多瑪與蛾摩拉的故事。然後來到摩押山地走訪**王道古城**，看見以色列人如何走過心懷不軌的兄弟城邦，與亞摩利人爭戰，得著肥美的河東地，使之成為前進迦南的後方糧倉。然而在渡過約旦河之前，以色列人不幸陷入巴蘭的詭計，發生了**什亭事件**，神用瘟疫擊殺一切行淫拜偶像的以色列百姓，瘟疫之後，神下令再次數點軍兵，預備越過約旦河、得地為業！

一、死海五城

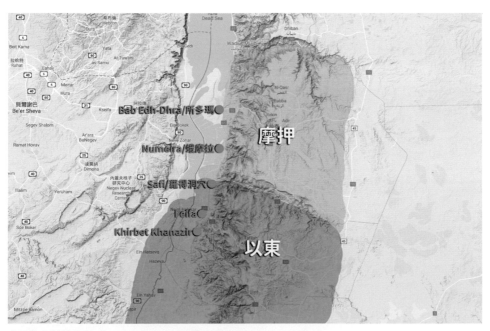

▲死海五城的位置（Google Map 地形圖）。

翻 開創世記十三章，亞伯拉罕與羅得的牧人相爭，於是亞伯拉罕對羅得說：「你我不可相爭，你的牧人和我的牧人也不可相爭，因為我們是骨肉。遍地不都在你眼前嗎？請你離開我：你向左，我就向右；你向右，我就向左」。羅得舉目看見約旦河的全平原，直到瑣珥，都是滋潤的，如同耶和華的園子，也像埃及地。於是羅得選擇約旦河的全平原，向東遷移，他們就彼此分離了。亞伯拉罕住在迦南地，羅得住在平原的城邑，漸漸挪移帳篷，直到所多瑪（創十三5-12）。

根據考古學家的挖掘，在約旦境內的死海東側有一處 **Ghawrs 區域**，在五千年前青銅器早期就有人類定居，古代此處的氣候環境適合農耕，遂發展出五個古代城市，**所多瑪（Sodom）**可能是其中的城市。羅得舉目看見的約旦河全平原，極有可能就是位於死海東側的 Ghawrs 區域。考古學家發現，古代城市遺址內的房子沿著街道而建，城市外圍有防禦用的封閉式城牆。這反映了青銅器時代 Ghawrs 區域戰爭頻繁，需要建築防衛城牆，與聖經中四王打五王、亞伯拉罕救回羅得（創十四）的背景不謀而合。此外，由於人口增加，有關社會規範與法律條文皆訴諸於文字，同時也發展出喪葬文化，山腳邊有許多大型家族墓穴，可見這五個古代城市已經有明確的社會組織。

所多瑪（Sodom），
位於死海東側的 Karak 峽谷。

　　根據聖經記載，所多瑪、蛾摩拉罪惡甚重、上達天聽，於是神差派天使查看是否屬實。當兩位天使來到所多瑪城，恰巧遇見坐在城門口的羅得，羅得明白城中充滿污穢與罪惡，深怕波及兩位外來客旅，於是趕緊向前接待。不料夜間城中暴民強行入屋想要加害天使與羅得一家，此時天使救下羅得，並且告知羅得實情：神要毀滅所多瑪與蛾摩拉，要他們趕緊逃離此城。於是天使領著羅得全家離開，並應允羅得逃到瑣珥城，才毀滅所多瑪、蛾摩拉，臨行前天使切切囑咐：「不可回頭看，也不可在平原站住，免得你被剿滅。」當羅得踏入瑣珥城，耶和華將硫磺與火降與所多瑪和蛾摩拉，把那些城和全平原，並城裡所有的居民，連地上生長的都毀滅了。羅得的妻子在後邊向後一看，就變成一根鹽柱（創十九 1-26）。

　　考古學家發現 Ghawrs 區域在青銅器中期之後沉寂了一段時間，與聖經描述所多瑪、蛾摩拉滅城的歷史相合。此外由於死海鹽度高，沿岸結晶許多鹽柱，由此可想像羅得妻變成鹽柱的情景。到了鐵器時代，Ghawrs 區域才恢復生機，考古學家在這裡挖掘到小麥收割器械，但此時期沒有青銅器早期的防衛性城牆，可見鐵器時代，這裡相對平靜。鐵器時代正當以色列王國的全盛時期—大衛與所羅門時代，以色列的領土直到南端紅海，鄰近友邦莫不臣服以色列，是一段相對穩定的和平時期，自然無需建築防禦工事。

所多瑪（Sodom）遺跡。

237

　　羅得雖然逃到瑣珥城，但是驚魂未定，不敢居住在城中，就同他的兩個女兒從瑣珥上去來到山裡，住在一個洞穴。由於羅得的妻子已經變成鹽柱，兩個女兒為延續父親血脈而秘密商討對策，於是大女兒與小女兒先後將羅得灌醉，與父親同寢，從他們父親的身上懷了孕，大女兒生了一個兒子，取名叫摩押，也就是日後的摩押人，小女兒也生了兒子，取名為便亞米，就是後來的亞捫人（創十九30-38）。

從羅得修道院（Agios Lot）遺跡的洞穴望向瑣珥平原。

　　在死海東南端的一處陡峭的山坡上，有一座**羅得修道院（Agios Lot）**遺跡，俯瞰著 Safi 平原，相傳是聖經中的瑣珥（Zoar）。考古學家發現這座修道院是拜占庭時期的教堂，建於西元第 6 世紀，早期基督徒相信這裡是羅得逃離所多瑪來到瑣珥時所居住的洞穴，因此在拜占庭時期這裡是著名的朝聖路線，記念舊約聖經中羅得的事蹟。在同樣的位置上，進行更深的考古挖掘，發現了青銅器早期的文物，與舊約聖經中羅得的年代相近，目前 Ghawrs 區域挖掘的考古文物收藏在羅得博物館，羅得博物館位於修道院遺址的山腳下。

圖／羅得修道院位於這座山坡，相傳是羅得與兩個女兒住在瑣珥山上的洞穴。

羅得修道院（Agios Lot），建於拜占庭時期。

羅得修道院（Agios Lot）地下建築。

▲山腳下設有羅得博物館，收藏從 Ghawrs 區域　　▲羅得修道院（Agios Lot），位於死海東南端的
　挖掘的考古文物。　　　　　　　　　　　　　　　一處陡峭的山坡上，俯瞰著瑣珥平原。
▼羅得博物館收藏的考古文物。

　　從創世記羅得的故事，我們可以發現：摩押人與亞捫人都是羅得的後裔，可以說是以色列人的近親。以色列人寄居埃及四百年期間，摩押與亞捫成為大族，定居在約旦河東的摩押山地，掌握河東地的貿易與軍事要道。當以色列人穿越亞拉巴谷地，經由普嫩河谷走進摩押山地後，與王道上的民族邦國產生了大小衝突，以下讓我們一起來到摩押山地，走訪踏查王道上的古城。

二、王道古城

▲王道上約旦河東諸王領地地圖，其中以東的領域範圍參考安曼博物館圖示（Google Map 地形圖）。

王道（King Highway）是古代的貿易大道，沿著摩押山地縱貫河東諸城，向東連結兩河流域，向西聯絡埃及尼羅河三角洲，往來商旅頻繁，是古代的經濟動脈，也是重要的軍事要道。王道上從南到北的邦國依序是**以東（Edom）、摩押（Moab）、亞摩利（Amorite）、亞捫（Ammon）**。摩押山地有許多東西向的河谷，從摩押山地流向亞拉巴谷地，這些東西向河谷成為國與國之間的天然國界。例如：以東和摩押以撒烈谷（Zered Valley）為界，摩押和亞摩利以亞嫩谷（Arnon Valley）為界。古代王國也在這些河谷上游建立城市，一來保護王道，控制河谷與王道的交通；二來扼守國界，監視鄰國動靜。接著讓我們循著以色列人的腳蹤，由南到北依序認識以東、摩押、亞摩利、亞捫、巴珊。

以東（Edom）

以掃又稱以東，因此以掃後代居住之處又稱以東地（創廿五 30，卅六）。以東位於約旦河東，撒烈谷以南的亞拉巴谷地，直到紅海邊。實際來到以東地，發現以東地的地質呈現紅色岩層，並且氣候乾燥，植披較少，境內許多荒漠礫石，不適合農耕，居民大多以放牧維生。

以東地貌呈現紅色岩層，並且氣候乾燥，境內許多荒漠礫石。

　　翻開聖經創世記，其中記載以掃與雅各是兄弟，是亞伯拉罕、以撒的後裔，
這對攣生兄弟，為了爭奪長子名位與祝福而反目成仇，雅各甚至為此遠走他鄉，
投靠舅父拉班，在那裏娶妻生子，建立家業（創廿五 19-34，廿七～三十）。雖
然日後雅各從巴旦亞蘭歸回，並且與以掃化解了心結（創卅三），但是這段兄弟
之爭確實也帶給後代不小的影響。

　　首先是**出埃及時期**，摩西差遣使者請求以東王容許以色列人經由王道進入
摩押山地，沒想到以東非但不肯借道，甚至率領許多人來，要攻擊以色列人（民
二十 14-21），此舉迫使以色列人避開以東領地，從尋曠野的香料之路而出，穿
越亞拉巴谷地，經由普嫩河谷來到摩押山地，此時的以東首都位於 **Bozrah**。

Bozrah，出埃及時期的以東城。

接著是**列王時期**，以東人趁著猶大國力衰微時，背叛南國猶大（王下八 20-22）。過去的兄弟之邦，如今成為惡鄰，成為南國猶大的外患，此時期以東的首都為 **Sela**。

▲▼ Sela，列王時期的以東城。

　　到了**新約時期**，大希律就是以東人，為了討好羅馬皇帝，極力羅馬化，此舉惹怒了堅守信仰的猶太人，當時的以東首都是 **Petra**，這裡處處可見希臘羅馬神廟，以及希臘化的陵墓雕刻，今日 Petra 是約旦的重要觀光景點。觀看以東歷代王都的更迭，可見權力中心隨著時間而轉換陣地，非常符合以放牧維生以東人的習性。

▲ Petra，羅馬時期的以東城。　　　　　　▲ Petra 羅馬時期的皇家陵墓。
▼ Petra 修道院。　　　　　　　　　　　　▼ Petra 的 Al-Khazneh 陵墓。

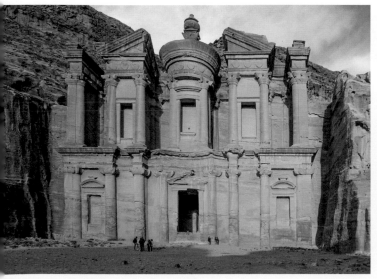

摩押（Moab）

摩押人是羅得與長女的後裔（創十九 37），是以色列人的近親。摩押人居住的的範圍位於**撒烈谷（Zered）**與**亞嫩谷（Arnon）**間的高原地，稱之為摩押山地。

撒烈谷（Zered），位於今日約旦 Al-Hasa 河谷，撒烈谷是出埃及時期以東與摩押的地界。

　　摩押山地因為有來自地中海的水氣滋潤，冬季多有雲雨，早晚有濃霧，加上摩押山地擁有肥沃的紅土，因此摩押山地適合農作，可以種植大麥、小麥。

撒烈谷的營地。

摩押平原，有雲雨、濃霧、肥沃的紅土，適合農作，可以種植大麥、小麥及放牧。

247

除了南北界的河谷，Kir 河谷位於摩押的心臟地帶，自族長時期就是重要的河谷要塞，到了列王時代稱為何羅念（Horonaim）（耶四十八 3）。十字軍東征時在這裡建設十字軍城堡，稱之為 **Karak 城堡**，是掌握王道的經濟與軍事要塞。羅馬時期亦在 Karak 城堡北上 15 公里建造 **Rabbah 城**，控制王道及 Ibn Hammad 河谷。

▲ Karak 十字軍城堡，位於 Kir 谷地的制高點，有王道經過，同時可以控制通過所多瑪河谷及王道。
▼ Rabbah，羅馬時期的摩押城。

　　以色列人從普嫩河谷繞過以東地界安營撒烈谷，此後北上來到亞嫩谷安營。
平安越過摩押地界後，以色列人即將面臨的是強大的亞摩利人，一場大戰即將一
觸而發！

▲亞嫩谷（Arnon），位於今日約旦 Mujib 峽谷，亞嫩河是出埃及時期摩押與亞摩利人的地界，約旦
　目前在亞嫩谷上蓋攔水壩。
▼以色列人來到亞嫩谷安營，準備北上和亞摩利人爭戰。

亞摩利 (Amorite)

以色列人從撒烈谷起行，北上安營在亞嫩河谷的曠野，亞嫩谷原是摩押的邊界，但被亞摩利人奪去（民廿一 12-13）。亞摩利人與摩押人以亞嫩谷為邊界，但亞嫩谷被亞摩利人控制，並在亞嫩谷的制高點設置**亞珥城 (Ar)** 為軍事要塞，控制亞嫩谷，當以色列人在亞嫩谷安營時受到亞摩利人監視，以色列人也在此準備攻打亞摩利人。聖經記載：**所以耶和華的戰記上說：蘇法的哇哈伯與亞嫩河的谷，並向亞珥城眾谷的下坡，是靠近摩押的境界**（民廿一 14-15）。

亞珥城 (Ar)

從亞嫩河谷望向高原上亞珥城 (Ar)，亞珥城是重要軍事要塞，可以向下監控亞嫩河谷。

▲亞珥城，位於亞嫩谷山壁頂端，向下控制亞嫩谷。
▼亞珥城遺跡。 ▼亞珥城城門遺跡。

　　根據聖經的記載，亞摩利人曾與摩押人爭戰，奪得亞嫩河以北全地（民廿一26），原本屬於摩押人的土地後來成為亞摩利人的領土，包括其中重要的城邑：**希實本（Heshbon）、底本（Dibon）、米底巴（Medeba）** 等。亞摩利人統治期間，希實本控制通往什亭的河谷，具有重要的戰略地位，遂成為亞摩利王西宏的京城（民廿一26）。

　　出埃及時期，以色列人來到亞嫩谷安營，這裡是摩押與亞摩利的地界，於是摩西派人去見亞摩利王西宏，說：「求你容我們從你的地經過，我們不偏入田間和葡萄園，也不喝井裡的水，只走大道（原文作王道），直到過了你的境界。」沒想到遭亞摩利王的拒絕，甚至招聚眾民出到曠野，與以色列民在雅雜（Jahaz）爭戰，以色列人用刀殺了亞摩利人的軍兵，奪了他們的地，從亞嫩河到雅博河（Jabbok），直到亞捫人的境界（民廿一21-31）。此戰不僅奪下亞摩利人的領地，也取得亞摩利人境內的城邑：希實本、米底巴、底本（民廿一30-31）。

底本（Dibon），以色列人得著亞摩利人境內的城邑。

今日在約旦境內，希實本與底本已是古城廢墟，而米底巴（Medeba），卻成為現代城市 Madaba，城市中的聖喬治教堂，地板鑲有古代朝聖地圖的馬賽克遺跡，描繪從埃及、西奈半島、約旦河東、加利利湖等各地，前往耶路撒冷朝聖的路線。

▲米底巴（Medeba），以色列人得著亞摩利人境內的城邑，今日爲約旦境內的現代化城市 Madaba。
▼教堂內大廳的地板上有著名馬賽克鑲嵌地圖，是現存世界上最古老的中東地圖，標出耶路撒冷與巴勒斯坦和埃及等城市的關係位置。

　　此後，以色列人沿著山谷窺探**雅謝（Jazer）**，並且趕除那地的亞摩利人，佔領了雅謝（民廿一 32），然後轉向巴珊，戰勝巴珊王噩（民廿一 33-35）。巴珊地，位於約旦北方與敘利亞交界處的平原地區，向北延伸到加利利湖東側的戈蘭高地。巴珊王噩在以得來與以色列交戰（民廿一 33），以色列人戰勝，並且取得肥沃的巴珊土地。

▲通往雅謝的谷地，以色列人前往窺探雅謝（Jazer），並且趕除那地的亞摩利人。
▼雅謝谷地，以色列人趕除那地的亞摩利人。

　　戰勝亞摩利王西宏（Sihon）與巴珊王噩（Og），對以色列人來說深具意義，不僅向近親友邦：以東人、摩押人、亞捫人，揚名立威，更是取得河東糧倉，成為軍隊前進的大後方。巴珊地與亞摩利人的土地是約旦河東最肥美的耕地，土壤肥沃、水氣充沛，農耕放牧兩相宜，這裡的出產可以供應以色列前進迦南所需的糧草。此外，仔細觀看這戰略地圖，耶和華引領以色列人作戰，奪下扼守什亭河谷的希實本，使得以色列人安營在什亭平原，不致腹背受敵，當以色列人向前挺進，從什亭渡過約旦河時，有穩固的大後方，解除了耶利哥人、亞摩利人雙面夾殺的困境。

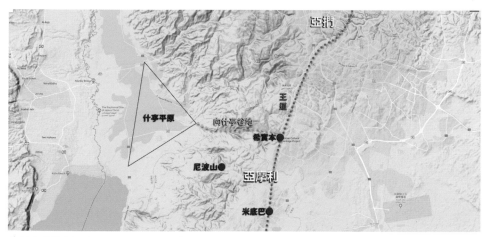

▲希實本控制什亭平原的戰略地圖（Google Map 地形圖）。摩西從西宏手中奪得亞摩利人的一切城邑，其中最重要就是他的京城希實本，希實本也是控制什亭平原往來王道的重要關鍵之地，摩西奪下希實本後，以色列人才可穩固安營在什亭平原，預備過約旦河。

希實本（Heshbon），是亞摩利王西宏的京城。

255

從希實本望向什亭方向，希實本控制通往什亭的河谷。

羅馬時期古城遺跡

羅馬時期古城遺跡。

希實本羅馬時期古城遺跡。

從希實本古城望向周圍城鎮。

回頭來看**雅博河（Jabbok）**，創世記裡記載雅各攜家帶眷夜渡雅博河的故事。話說雅各離開舅舅拉班，自巴旦亞蘭歸回時，夜間來到了雅博河，他打發兩個妻子、兩個使女、十一個兒子，以及一切所有都過了雅博河渡口，只剩下自己一人。有一個人前來與雅各摔跤直到黎明，那人見勝不過他，就在雅各的大腿窩摸了一把，從此雅各的腿就瘸了。天明了，雅各不容天使離去，除非給予祝福，於是天使祝福雅各，並且將雅各改名為以色列，由此，從雅各而生的後裔稱之為以色列人。雅各將這地命名為毘努伊勒（Peniel），意思是我面對面見了神，我的牲命仍然保全（創卅二 22-32）。試想：雅各為何整夜與天使摔跤，又不容天使離開？因為在雅各心裡有一個熱切的渴求，渴望神的同在與幫助，因為他深知：若沒有神在當中，他和哥哥以掃的仇恨難以化解，此趟歸回恐怕身家性命難保。

雅博河（Jabbok），
位於今日約旦 Zarqa 河。

場景拉回以色列人在王道上的處境，這趟歸回的路程處處充滿險阻，若沒有神同在同行，面對王道上的重重難關：以東人、摩押人、亞摩利人、亞捫人、巴珊王，以色列人的處境肯定更加艱難。但是耶和華如同以色列軍隊的大元帥、領航員，帶領以色列前行，或是避開礁石（以東王）繞道而行，或是面對衝突（亞摩利王、巴珊王）勇於爭戰，進退之間，都有全能全備的耶和華掌權，使得這條歸回的道路，不再是寸步難行，而是過關斬將，步步告捷！

亞捫（Ammon）

亞捫人是羅得與幼女的後裔（創十九 38），是以色列人的近親，居住範圍約莫是現代約旦首都安曼及其城市周圍，現代安曼（Amman）的命名便是源自於**亞捫 （Ammon）**。出埃及時期，以色列人戰勝亞摩利人，從亞嫩河到雅博河，直到亞捫人的地界，因為亞捫人的境界多有堅固堡壘（民廿一 24），可見安曼在出埃及時期已經是個固若金湯的城市。除了安曼之外，士師記中記載的**亞備勒基拉明（Abel Keramim）**，也是亞捫人的城市（士十一 33），位於今日 Tell Al-Umayri。到了新約時期，安曼被建設為羅馬風格的城市，屬於低加坡里地區，是羅馬十城之一。今日在現代安曼城市中心，仍可看見羅馬城遺跡，包括劇場、神廟……等。由此可知，安曼自建城以來，歷世歷代在城市舊址上不斷翻新建造，直到今日仍是屹立不搖，成為約旦的首都，也是河東地重要的城市之一。

安曼城堡上的羅馬阿波羅神廟。

259

亞捫（Ammon），位於今日約旦首都安曼，是新約時期的羅馬十城之一，屬於低加坡里地區。

安曼附近的亞備勒基拉明（Abel Keramim），是亞捫人的城，位於今日 Tell Al-Umayri。

　　細想，在河東王道上的各城各邦，莫不以保護王道（King Highway）為己任，因此以東王、亞摩利王西宏先後拒絕以色列通過境內的王道。面對以東人的拒絕，以色列人選擇繞道而行，然而面對亞摩利王的拒絕，以色列人選擇正面迎戰（民二十 14-21，廿一 21-25），一樣是拒絕為何有如此大的差別呢？我們在申命記裡找到答案。耶和華透過摩西吩咐百姓說：「**你們弟兄以掃的子孫住在西珥，你們要經過他們的境界，他們必懼怕你們，所以你們要分外謹慎。不可與他們爭戰，他們的地，連腳掌可踏之處，我都不給你們，因我已將西珥山賜給以掃為業。**」（申二 4-5）。對於摩押人，神仍然告誡以色列人：「**不可擾害摩押人，也不可與他們爭戰。他們的地，我不賜給你為業，因我已將亞珥賜給羅得的子孫為業。**」（申二 9）。還有亞捫人，神不改初衷依舊說：「**走近亞捫人之地，不可擾害他們，也不可與他們爭戰。亞捫人的地，我不賜給你們為業，因我已將那地賜給羅得的子孫為業。**」（申二 19）。由於以東人、摩押人、亞捫人是以色列人的近親，神寧可讓以色列人繞路遠行，也不願以色列人的手沾染兄弟相殘的罪孽。然而以色列人以德報怨的作為，並沒有讓摩押人心悅臣服，反而從遠方招來先知巴蘭，咒詛以色列人，遂釀成可怕的什亭事件。

三、什亭事件

當以色列人征服亞摩利與巴珊地之後，安營在**什亭平原（Shittim）**，隔著約旦河，望向耶利哥，此時，朝思暮想的應許之地不再是遙不可及，而是近在咫尺，唾手可得！來看什亭平原的位置，它位於尼波山腳下，隔著約旦河與對岸的耶利哥城相望。什亭背後的廣大土地，是剛從亞摩利人手中奪得的河東地，境內的城邑：希實本、底本、米底巴、雅謝皆被以色列人控制，北方肥美的巴珊地，是以色列人的糧倉，以色列人坐穩什亭，可以說是無後顧之憂，可以放膽渡河、勇奪迦南美地！

然而，南方的摩押王巴勒（Balak）聽聞以色列人向亞摩利人所行的一切，又見以色列民甚多，就大大懼怕、心裡頹驚。於是與米甸的長老商議，決定差遣使者到兩河流域的毗奪（Pethor），召來先知巴蘭（Balaam）前來咒詛以色列人。巴蘭看見摩押與米甸的長老手裡帶著金銀財寶，邀請他到河東地咒詛以色列人，並沒有立時答應，將使者們留宿在家中，說要先尋求耶和華的旨意才能決定。夜間神的話臨到巴蘭：「你不可與他們同去，也不可咒詛那民，因為那民是蒙福的。」清晨起來，巴蘭將這話告訴使者，並且打發他們離開。使者們空手而回，稟報摩押王巴勒，沒想到巴勒並不死心，再次差遣地位更加尊貴的使者，帶著比上回更

多的金銀財寶邀請巴蘭。巴蘭看見滿屋珠寶不免心動，雖是如此他仍要請示耶和華的旨意，神看見巴蘭財迷心竅，於是任由他與巴勒的使者前去。出發時，巴蘭的驢看見天使拔刀擋住去路，不敢向前，因而遭來巴蘭一頓責打，神開驢子的口，警戒巴蘭，又使巴蘭眼睛明亮，看見擋路的天使，這時巴蘭才明白過來，俯伏在地，天使嚴嚴囑咐巴蘭：「你與這些人同去吧！你只要說我對你說的話。」（民廿二 1-35）。

巴勒聽見巴蘭來了，就歡喜的出了京城迎接巴蘭，接著就帶著巴蘭上到高處觀看以色列安營之處，巴蘭在山頂上獻祭之後，開始發預言，沒想到巴蘭口中沒有咒詛，反而祝福以色列民，一連三次祝福以色列人，惹動巴勒的怒氣：「我召你來為我咒詛仇敵，不料，你這三次竟為他們祝福。」巴勒氣得要收回賞給巴蘭的財寶，巴蘭急忙為自己辯稱：「你就是將滿屋的金銀給我，我也不能越過耶和華的命，憑自己的心意行好行歹。」然而，巴蘭明明知道不能越過神的作為，卻為了滿屋財寶，私下指點巴勒設計網羅，要將以色列人陷於大罪中（民廿二 36～廿四 14）。

以色列人隔著約旦河，面對耶利哥，在什亭平原安營。

　　於是，巴勒在巴蘭的指導下，找來摩押與米甸的女子，在什亭—以色列人安營處，引誘以色列人向她們的神獻祭，以色列百姓不僅吃她們的祭物、跪拜外邦神明，甚至與這些外邦女子行起淫亂，這樣的舉動大大惹動耶和華的怒氣，於是瘟疫遍行以色列全營，直到非尼哈（Phinehas）以耶和華忌邪的心為心，在耶和華的會中，拿刀刺殺了以色列西緬一個宗族的首領心利（Zimri），和米甸一個宗族首領的女兒哥斯比（Cozbi），瘟疫才止住，那時遭瘟疫死亡的以色列人，有兩萬四千人（民廿五）。

以色列人隔著約旦河，面對耶利哥，在什亭平原安營。

　　當我們站立在什亭附近的山頭，這裡可能是當年巴蘭傳諭的地點，懷想古時巴蘭在這裡築起祭壇、宰殺牛羊、獻上祭物，望著什亭平原上以色列的帳篷時，不禁脫口說出：「**雅各啊，你的帳篷何等華美！以色列啊，你的帳幕何其華麗！**」（民廿四5）。他望見這群蒙神眷顧的以色列百姓，咒詛的話一句也不敢說出口，甚至感嘆著：「**凡給你祝福的，願他蒙福；凡咒詛你的，願他受咒詛。**」（民廿四9）。這段話語，讓我想起神與亞伯拉罕之約：「**為你祝福的，我必賜福與他；那咒詛你的，我必咒詛他。地上的萬族，都要因你得福。**」（創十二3）。思想這些話語，赫然發現，當我們成為神的百姓，就是與神聯合，榮辱與共，因此祝福我們的，也就是榮耀神，咒詛我們的，如同抵擋神。我相信巴蘭深知這樣的屬靈原則，因此他不敢公然冒犯攻擊耶和華，於是轉而佈下網羅，引誘以色列人自取其辱。

什亭附近山頭遺跡。

什亭附近山頭，這裡可能是當年巴蘭傳諭的地點。

　　下了摩押山頭，來到什亭平原，陣陣惡臭伴隨熱風迎面而來，可能是因為低海拔溫度高，加上放牧牲畜的味道，整個空氣瀰漫著讓人不舒服的氣味。這個氣味引發我想起：古時以色列人在靈性與肉體上的淫亂，因而爆發了一場奪命的瘟疫，我心不禁顫驚！屬神的兒女既然與基督成為一體，又怎能與娼妓聯合呢（林前六 15-20）？以色列人與外邦女子行淫，不僅在身子上汙穢自己，又崇拜外邦偶像，在靈性上的玷污了聖潔的靈，這樣自取其辱，難怪惹動神的怒氣。什亭事件的歷史借鏡，再次提醒我們，要遠避淫行，以聖潔尊貴裝飾自己（帖前四 3-4），保守自己的靈魂與身體，成為貴重的器皿（提後二 21）。

發現心靈感動～眼目慾望

眼睛就是身上的燈。你的眼睛若瞭亮，全身就光明；你的眼睛若昏花，全身就黑暗。你裡頭的光若黑暗了，那黑暗是何等大呢！

（馬太福音六 22-23）

撰寫「得河東」的篇章時，從死海五城談起，直到王道古城、什亭事件，時間橫跨數百年，本來還擔心是不是時間軸太長、範圍太廣，無法聚焦成一篇主題信息。沒想到在寫作期間，神細膩的手一絲一縷編織出信息焦點、主題畫面。在這裡，我看見眼目情慾與貪慾帶來敗壞與死亡的結局。

羅得的眼目看見世界的美好，於是將他的帳篷漸漸挪移直到所多瑪（創十三 10-12）。雖然羅得是個義人，但居住在罪惡之城，價值觀也逐漸被世界同化。首先他為了營救兩個陌生人，不惜犧牲自己的兩個女兒，接著在所多瑪即將傾覆之時，羅得仍拖延不想離開。而他的兩個女兒甚至被世界扭曲了人倫情理，與父親亂倫生下了摩押與亞捫（創十九）。

巴蘭的眼目則是被貪慾蒙蔽，雖然他心裡明白神不願讓他咒詛以色列人，但是卻禁不住滿屋財寶的誘惑，以至於瞎了心眼，甚至為了豐厚的佣金，指點摩押王巴勒巧計引誘以色列人陷入罪惡的網羅中（民廿二～廿五）。巴蘭為了個人財利，往錯謬的道路直奔（猶一 11）。

當美麗妙齡的摩押女子、米甸女子出現在什亭平原時，以色列人惹不住多看了幾眼，然後就情不自禁，與這些外邦女子行起淫亂，甚至隨著她們跪拜別神、吃起供品祭物，完全將神的話語與誡命拋諸腦後，以至於惹來滅命之災（民廿五）。

來看另一雙愛慕的眼睛，是雅歌書所描述新婦的眼睛，新郎是這樣稱讚他的新婦：「**我妹子，我新婦，你奪了我的心。你用眼一看，用你項上的一條金鍊，奪了我的心。**」（歌四 9）。原來，當我們抬頭仰望新郎耶穌，將我們心中的愛慕與渴望，全然傾倒在他身上時，祂是如此的悅納喜悅，甚至奪得祂的心。

耶穌曾說：「**眼睛就是身上的燈。你的眼睛若瞭亮，全身就光明；你的眼睛若昏花，全身就黑暗。你裡頭的光若黑暗了，那黑暗是何等大呢！**」（太六 22-23）。眼睛不自覺的透露我們心靈深處的渴望，無怪乎世人都說：眼睛是靈魂之窗。當我們的眼目定睛在世界的誘惑、物質的貪婪、情慾的敗壞時，不僅是瞎了心眼、兩眼昏花，裏頭的光也終將熄滅，全身黑暗，走向敗亡毀滅之路，羅得、巴蘭，以及那些倒在什亭平原的以色列人……都是我們的借鏡。當我們抬頭仰望聖潔的主基督，定睛在耶穌身上，不僅眼睛瞭亮，全身光明起來，人生的道路如同黎明的光，越照越明，直到日午（箴四 18）。我們是不是也能在主面前，為眼目立約，遠離電視媒體、網際網路、報章雜誌、廣告宣傳的誘惑，別讓世界的迷惑與個人的私慾，擠住了生命之道。願我們的眼目，深深被耶穌的光吸引，以基督的愛成為我生命的滿足，使我們如同明光照耀的兒女，在這世代為主發光！

什亭平原上的牧人與羊群。

第三站　望迦南

看見尼波山

尼波山（Mt. Nebo）位於今日約旦境內，鄰近現代大城 Madaba（出埃及時期稱為米底巴 Medeba）約莫 10 公里。海拔八百公尺的尼波山，地處古時摩押山地，山腳下為什亭平原，隔著約旦河與耶利哥城相望。聖經記載摩西臨終前，神指示他登上尼波山眺望迦南全地，最後在這裡辭世。

今日尼波山是約旦重要的觀光景點，山頂上有拜占庭的教堂遺跡，拜占庭時期這裡是重要的朝聖路線，Esbous-Levis 羅馬路從耶路撒冷，經由耶利哥城，通往尼波山，博物館收藏這條羅馬路的第六座里程碑，並且陳列馬賽克地板與各時期的文物。戶外豎

尼波山的銅蛇紀念柱。

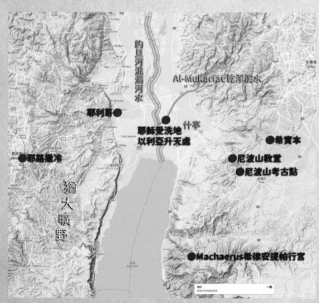

▲尼波山相關位置圖（Google Map 地形圖）。

立著義大利佛羅倫斯藝術家 Giovanni Fantoni 設計監造的銅蛇紀念柱。走到觀景平台，可以眺望約旦河與耶利哥城，天晴的時候甚至可以看見猶大山地與聖城耶路撒冷。

根據博物館資料顯示，尼波山附近仍有幾處考古挖掘地，其中有一座山頭挖掘出相當於出埃及年代的文物，極有可能是摩西時代的尼波山。

▲尼波山的考古山頭，挖掘出相當於出埃及年代的文物，極有可能是摩西時代的尼波山。

▲鐵器時代的陶罐器皿（收藏於約旦尼波山博物館）。
▼ Esbous-Levis 羅馬路的里程碑：Esbous-Levis 羅馬路是從耶路撒冷，經由耶利哥城，通往尼波山的朝聖路線，這是第六座里程碑，建於西元 213 年（收藏於約旦尼波山博物館）。

海拔八百公尺的尼波山，山頂上建有摩西紀念教堂。

聽見土地故事

一、預備得地、重申律法

什亭事件過後，神再次曉諭摩西，數點二十歲以上、可以拿刀作戰的成年男子，這是出埃及之後第二次統計人口（民廿六）。第一次是在西奈曠野（民一），那時神整編了以色列人成為耶和華的軍隊，沒想到以色列人因為小信抱怨，無法進入應許之地，在曠野裡白白折損了那一代的人（民廿六 65）。經過了四十年，新的世代興起，安營在什亭平原，歷經種種的磨難與考驗，神再次數點軍兵，準備越過約旦河、得地為業。

越過約旦河之前，以色列人必須在河東地處理幾件未了之事，首先是報復米甸人。耶和華曉諭摩西，吩咐各支派交出一千人，共一萬兩千人，帶著兵器與米甸人打仗，以色列人大獲全勝，並且用刀殺了米甸的五個王，以及先知巴蘭（民卅一），此戰役可說是為什亭事件畫下永遠的句點。

尼波山山腰平台上零星的貝都因帳篷。

　　接著是處理河東產業。以色列人奪得河東地之後，呂便子孫與迦得子孫看見雅謝和基列是可放牧牲畜之地，就來見摩西，要求摩西將這地賜給他們為業，不要領他們過約旦河。摩西聞言大怒，斥責呂便子孫與迦得子孫：「難道你們的弟兄去打仗，你們竟坐在這裡嗎？你們為何使以色列人灰心喪膽，不過去進入耶和華所賜給他們的那地呢？」接著摩西講述過去在加低斯的悲慘事件，嚴嚴告誡這兩個支派。呂便子孫與迦得子孫於是改口，挨近摩西的身邊說：「我們要在這裡為牲畜築壘，為婦人孩子造城。我們自己要帶兵器，行在以色列人的前頭，好把他們領到他們的地方。但我們的婦人孩子，因這地居民的緣故，要住在堅固的城內，我們不回家，直等到以色列人各承受自己的產業，我們不和他們在約旦河那邊一帶之地同受產業，因為我們的產業是坐落在約旦河東邊這裡。」摩西聽見便應允呂便與迦得兩個支派的請求，將亞摩利王西宏的國與巴珊王噩的國，連那地和周圍的城邑，都給了迦得子孫和呂便子孫，並瑪拿西的半個支派（民卅二）。此舉不但滿足呂便與迦得兩個支派的請求，更是鞏固以色列人在河東地的統治，使河東地成為以色列軍隊的補給糧倉。

什亭平原的貝都因帳篷、羊圈、牧羊人及羊群。

　　除了預先將河東地分給呂便支派、迦得支派、瑪拿西半個支派為產業，耶和華也為利未人量定城邑，並且在其中分別出六座逃城，河東地三座、迦南地三座，使誤殺人的都可以逃到那裏得著庇護（民卅五）。

　　最後是選定繼任者、重申耶和華律曆典章。耶和華曉諭摩西離世的日子將到，於是摩西召聚以色列全會眾，向這群新生代講述以色列人出埃及的歷史，重申在何烈山，神所頒訂的律法，告誡以色列人要專一愛主，盡心、盡性、盡意、盡力事奉神。這些臨別贈言，全都記錄在申命記中（申一～三十）。在摩西最後的日子，他按照耶和華的指示，選派約書亞作為繼任者（申卅一），並且發預言祝福以色列各支派（申卅三）。然後，摩西登上尼波山，耶和華把基列全地直到但，拿弗他利全地，以法蓮、瑪拿西的地，猶大全地直到西海，南地和棕樹城耶利哥的平原，直到瑣珥，都指給摩西看。耶和華對摩西說：「這就是我向亞伯拉罕、以撒、雅各起誓應許之地。現在我使你眼睛看見了，你卻不能過到那裏去。」（申卅四 1-4）。因為摩西在尋曠野、加低斯的米利巴水那裏，在以色列人的眼前沒有尊耶和華為聖，所以不得進入應許之地（民二十 12，申卅二 51）。

尼波山，隔著約旦大裂谷與應許之地遙遙相望。

尼波山（Mt. Nebo），是摩西生命的終點站，卻是約書亞世代的新樂章，至此以色列軍隊終於告別曠野裡晦暗的日子，迎向璀璨得勝的新旅程。當我們迎風站立在尼波山巔，那是一個陽光燦爛的日子，我看見山腰平台上零星的貝都因帳篷，遙想著當年以色列人在什亭平原紮營的景象。遠眺約旦河對岸的以色列，晴朗的藍天，猶大山地綿延而來的天際線，山谷丘陵間點綴著綠意與聚落，我心感嘆著：當年摩西凝望這片土地時，是什麼樣的心情呢？

以色列啊！你是我魂牽夢引的地方，四百年來，祖祖輩輩們朝思暮想的應許之地。米利暗、亞倫，與出埃及的那一代的人，都倒在曠野了，只有我，能夠看見、終於看見！雖然不能親自踏上那片流奶與蜜之地，但是我將此生的夢想，全都寄望在約書亞、新的世代，由他們來代替我們，完成未竟之夢。現在，讓我多看一眼、再看一眼，我的心就滿足了、滿足了……

從尼波山望向應許之地。

二、施洗約翰、耶穌受洗

耶穌受洗壁畫，繪於現代耶穌受洗紀念教堂。

當我從尼波山下來，穿越黃沙漫漫的什亭平原，走向約旦河邊，望著對岸的耶利哥，這裡是當年以色列人憑信心勇渡約旦河的地方。舊約聖經約書亞記，裡頭記載著：當抬約櫃的祭司，腳一入水，從上往下流的河水，便在極遠之處、撒拉但旁的亞當城那裏停住，立起成壘；那往亞拉巴的海，就是鹽海，下流的水全然斷絕。於是百姓在耶利哥的對面過去了，抬約櫃的祭司在約旦河中的乾地站立，以色列眾人都從乾地上過去，直到國民盡都過了約旦河（書三 14-17）。繼出埃及的紅海洗禮之後，耶和華再一次透過約旦河水，為以色列的新世代施洗。

時間飛逝，歷史來到新約時代的約旦河東，一樣是在什亭平原，鄰近約旦河的曠野，這裡成為施洗約翰預備主道之地，他在曠野裡傳講悔改的道，為人施洗，預備耶穌再來的日子。先知以賽亞曾預言：**「耶和華要說：你們修築修築，預備道路，將絆腳石從我百姓的路中除掉。」**（賽五七 14）。先知以賽亞預言為主預備道路的使者，就是施洗約翰。新約聖經這樣描述：**那時，有施洗的約翰出來，在猶太的曠野傳道，說：「天國近了，你們應當悔改！」這人就是先知以賽亞所說的，他說：「在曠野有人聲喊著說：預備主的道，修直他的路！」這約翰身穿駱駝毛的衣服，腰束皮帶，吃的是蝗蟲、野蜜。那時，耶路撒冷和猶太全地，並約旦河一帶地方的人，都出去到約翰那裡，承認他們的罪，在約旦河裡受他的洗**（太三 1-6）。

　　四福音書也記載，耶穌出來傳道之初，就先到約旦河接受約翰的洗禮。耶穌從加利利來到約旦河，見了約翰，要受他的洗。約翰想要攔住祂，說：「我當受祢的洗，祢反倒上我這裡來嗎？」耶穌回答說：「你暫且許我，因為我們理當這樣盡諸般的義（或作：禮）」。於是約翰許了祂。耶穌受了洗，隨即從水裡上來。天忽然為祂開了，祂就看見神的靈彷彿鴿子降下，落在祂身上。從天上有聲音說：「這是我的愛子，我所喜悅的。」（太三 13-17）

　　來到約旦河東，**耶穌受洗處**。約旦河隨著時間，河道多次改變，今日的河床已經向西側推進，並且河水沿途夾帶沙土，水流混濁。在新約時代，有一道乾淨的溪流沿著 **Al-Mukarfat 河谷**，注入約旦河，帶來清澈的水流，相傳耶穌就是在河水注入處受洗。拜占庭時期，在這裡興建紀念教堂，如今仍可從遺址看見當時河道水池的遺跡，以及塵土掩蓋下的馬賽克地板。

耶穌受洗處，拜占庭時期在這裡興建紀念教堂。

今日遊客們若想要在這裡體驗洗禮，約旦當局為觀光客在約旦河段規畫了一處洗禮池，在這裡也可以看見對岸的以色列受洗地，無論是從約旦端，或是在以色列端，都在同一個河段接受洗禮。

▲耶穌受洗處觀光地，從約旦端望向以色列端。
▼耶穌受洗處位於約旦河右邊，從 Al-Mukarfat 河谷流來乾淨的溪水注入約旦河。

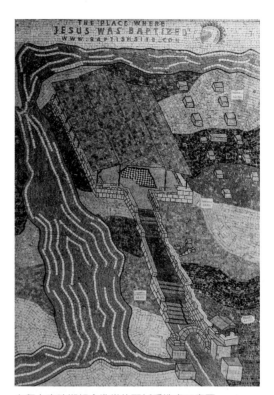

▲現代的耶穌受洗紀念教堂。　　　　　　▲拜占庭時期紀念教堂的耶穌受洗處示意圖。
▼ Al-Mukarfat 河谷的溪水是乾淨的，流水注入約旦河的位置，可能是施洗約翰爲人施洗的地方。

　　一樣是耶穌受洗處，過去在以色列王國時期，這裡是先知以利亞升天之處。舊約聖經列王紀下記載著：以利沙知道耶和華神要用旋風接師傅以利亞升天，於是以利沙亦步亦趨的緊緊跟隨以利亞。要過約旦河時，以利亞捲起外衣打約旦河水，水就左右分開，兩人就走乾地過了河。過去之後，以利亞對以利沙說：「我未曾被接去離開你，你要我為你做什麼，只管求我。」以利沙說：「願感動你的靈加倍地感動我。」以利亞說：「你所求的難得。雖然如此，我被接去離開你的時候，你若看見我，就必得著；不然，必得不著了。」他們正走著說話，忽有火車火馬將二人隔開，以利亞就乘旋風升天去了。以利沙看見，就呼叫說：「我父啊！我父啊！以色列的戰車馬兵啊！以後不再見他了。」於是以利沙拾起以利亞身上掉下來的外衣，回去站在約旦河邊。他用以利亞身上掉下來的外衣打水，水也左右分開，以利沙就過來了。住耶利哥的先知門徒從對面看見他，就說：感動以利亞的靈感動以利沙了。（王下二 1-15）。從此，以利沙領受以利亞的外衣，開始先知服事。今日在耶穌受洗地的園區，仍留有**以利亞升天處**的遺跡，這是拜占庭時期所建立修道院，為要記念此一事蹟。

以利亞升天處教堂 ↓

▲以利亞升天處附近的拜占庭時期修道院。
◀拜占庭時期修道院的受洗池。

圖／以利亞升天處。

　　既然談到以利亞，讓我們將時間拉回到新約時代神所應許的以利亞。新約聖經路加福音中記載：撒迦利亞按著班次在神面前供祭司的職分，進殿燒香的時候，天使向他顯現說：「撒迦利亞，不要害怕，因為你的祈禱已經被聽見了。你的妻子以利沙伯要給你生一個兒子，你要給他起名叫約翰。你必歡喜快樂；有許多人因他出世，也必喜樂。他在主面前將要為大，淡酒濃酒都不喝，從母腹裡就被聖靈充滿了。他要使許多以色列人回轉，歸於主—他們的神。他必有以利亞的心志能力，行在主的前面，叫為父的心轉向兒女，叫悖逆的人轉從義人的智慧，又為主預備合用的百姓。」（路一 8-17）。於是撒迦利亞的妻子以利沙伯懷了孕，孩子出生的時候，撒迦利亞與以利沙伯按著天使的指示將他取名為約翰（路一 59-63）。撒迦利亞發預言為孩子祝福：「**孩子啊！你要稱為至高者的先知；因為你要行在主的前面，預備祂的道路，叫祂的百姓因罪得救，就知道救恩。**」（路一 76-77）。施洗約翰就是末後的以利亞，向世人傳講悔改的道，預備耶穌救恩的道路。

　　當施洗約翰完成命定，即將邁入生命的終點時，因為責備希律安提帕與希羅底不倫的婚姻關係，而被囚禁在約旦河東的行宮。希羅底對約翰懷恨在心，於是藉著希律安提帕的生日，巧計讓女兒在眾人面前跳舞，大得希律安提帕的歡心，答應一切所求，女兒被母親驅使，向希律要了施洗約翰的人頭作為禮物，於是約翰便被斬首在希律宮的監獄中（太十四 3-11）。今日在死海東側的 **Machaerus 希律安提帕行宮**，是西元前 30 年大希律建造的堡壘行宮，是一處固守河東地區的軍事要塞，大希律死後，將河東地以及此堡壘傳給分封王希律安提帕，相傳施洗約翰就是在此處被囚禁斬首。

　　行筆至此，赫然發現約旦全地充滿先知性的恩膏：摩西在尼波山離世，膏抹約書亞成為繼任者。以色列人在這裡整軍，預備過約旦河得地為業。以利亞在約旦河東被火車火馬接走，將先知性的服事傳承給徒弟以利沙。以利沙這裡領受先知以利亞雙倍的恩膏，開始他的事奉人生。施洗約翰在約旦河東為耶穌預備道路，耶穌在這裡接受施洗約翰的洗禮，開始傳道生活。如今約旦是屬於穆斯林信仰的國家，我們在這地也深刻禱告，願認識耶和華的知識如洋海般，充滿在約旦全地，引領這地的百姓看見福音的真光，承認耶穌是主，為耶穌再來的日子鋪平道路。

Machaerus 希律安提帕在約旦河東的行宮。

發現心靈感動～預備道路

以色列啊，現在耶和華一你神向你所要的是什麼呢？只要你敬畏耶和華一你的神，遵行祂的道，愛祂，盡心盡性事奉祂，遵守祂的誡命律例，就是我今日所吩咐你的，為要叫你得福。

(申命記十 12-13)

經過曠野的冶煉，神將以色列百姓塑造成一支耶和華大軍，新一代的以色列民有呼召有異象，有膽識有謀略，有紀律有信心。進入摩押山地後，戰無不勝、攻無不克，奪得約旦河東為糧倉，進軍迦南地後，這裡更成為以色列軍隊的後方補給。摩西在約旦河東呼籲以色列百姓要盡心、盡性、盡意、盡力愛主你

的神。又將領導的權柄交給新一代的領導人約書亞，準備帶領以色列人得地為業。

從出埃及的驚喜，到曠野的沉靜，如今在約旦河東，以色列民不再一樣，如今他們靈魂的錨，安穩在耶和華的應許中，他們謹守遵行神的話，帶著極大的盼望，準備越過約旦河得著應許之地。

思想我們屬靈的生命不也是如此，神用大能的膀臂，將我們從罪惡之地拯救出來，使我們不再成為罪的奴僕。又在曠野之處陶塑我們成為可用的器皿，如同神花了四十年的時間預備祂的百姓。如今神也期待我們：**以色列啊，現在耶和華—你神向你所要的是什麼呢？只要你敬畏耶和華—你的神，遵行祂的道，愛祂，盡心盡性事奉祂，遵守他的誡命律例，就是我今日所吩咐你的，為要叫你得福**（申十 12-13）。願我們如同新以色列民，常將神的話藏在我們心裡，帶著敬畏的心謹守遵行神的道，盡心、盡性、盡意、盡力的愛祂，帶著愛的印記，承接大使命，為主耶穌再來的日子，預備道路。

約旦河東地的山羊群。

結 語

祂救了我們脫離黑暗的權勢，把我們遷到祂愛子的國裡。

(歌羅西書一 13)

研讀摩西五經，走過出埃及的旅程，書卷中的每一句經文，激發我回想起初的愛，路程中的每一個畫面，勾勒出當年初信的情懷。這段以色列人出埃及的旅程，可以說是基督徒信仰的經歷。現在讓我們一起靜默在主耶穌的腳前，閉上眼、敞開心，讓聖靈豐富地引領我們，浸透在每一個生命的轉彎處，看見神奇妙的拯救與帶領。

埃及法老 Thutmose III 打擊敵人浮雕，刻於 Luxor 的 Karnak 神廟外牆。

從埃及到西奈

寄居在埃及的以色列民，被奴役在法老的權勢下，法老的話語就是法律，整個埃及的信仰觀就是當代的世界觀，全世界都臥在那惡者手下（約壹五19）。為了活命，以色列人沒有選擇，只能日復一日的工作，生命財產都沒有自由。

回想過去未信主的生活，不也是如此。民間信仰、社會文化、家族傳統把我們層層捆綁；抑或是我們隨同世界的價值觀，人本主義、多元文化、消費型生活……等，蒙蔽我們的雙眼、混亂我們思維。無論是傳統或現代、舊觀念或是新思維，都不斷掏空我們的生命，榨乾我們的精力、時間、金錢與關係，我們如同以色列民，也被這個世界所奴役。

神呼召摩西，將以色列民帶離埃及的為奴之家（出三 10）。相同的，父神賜下愛子耶穌，來到這個世界，要將我們從罪惡當中拯救出來（太一 21）。使我們脫離黑暗的權勢，把我們遷到神愛子的國裡（西一 13）。

然而，得救的過程常常伴隨環境的陣痛。以色列人出埃及之前，被埃及人苦待，殺嬰、服勞役，以及擺脫不掉的奴隸身分，生命財產都受到嚴重的威脅，於是他們哀告耶和華，呼求全能者的拯救（出一，三 9）。回想我們的信仰過程，也是因為環境的逼迫，讓我們意識到無法倚靠自己，生命裡需要有一位神。或是過去曾求助其他神明，卻在這種利益交換的關係中，充滿了恐懼不安。於是我們開始尋找生命中真正的拯救與平安。如同生產的陣痛，我們的屬靈生命，就在耶穌基督裡，重生得救！

初信的基督徒，如同剛逃離埃及的以色列人，如同一盤散沙，屬靈的生命需要餵養與保護。於是神賜下嗎哪餵養以色列人，磐石出水解以色列人的飢渴，又為以色列人殺敗亞瑪力人，保護以色列人在曠野中平安穩妥，並且在西奈山腳賜下全備的律法，教導以色列人過一個聖潔生活。

想起剛信主的我，也是不斷的經歷神的餵養與保護。神的話就是屬天的嗎哪，咀嚼在口中，甘甜在心裡。聖靈如同水流，滋潤我心、洗滌我靈。每逢我遭難時，耶和華是我的拯救，復活的主耶穌，升上了高天，擄掠的仇敵，使我可以靠著祂完全得勝。全備的聖經、純淨的話語，成為我的生活準則，使我能活出天國子民的樣式。

我的心、我的靈，也要與以色列民一同歡唱得勝的詩歌！因著耶穌，重生的喜悅油然而生，沐浴在真理的光中、徜徉在聖靈的愛河裡，這是何等的恩典、何等的蒙福！

曠野漂流四十年

生命的蛻變需要時間，讓神的話語慢慢熟成在我們心靈。過去曾在世界裡打轉的我們，歸信之後，可能也帶著大小傷痕、錯謬的信念進入了信仰生活。於是神引領我們來到生命的曠野，重整我們的價值觀，破碎老自己與舊思維，重新塑造我們的生命。如同以色列人在曠野中接受淬煉，為要形塑成一個民族、一支軍隊。

這當中最不容易的，應該就是主權的交託。未知讓我們感到恐懼，於是我們習慣掌握自己的生命，計畫自己的未來。以色列人也是如此，在埃及，尼羅河的氾濫是可預期的，生活的節奏、農產的收成，完全控制在自己的手中。未信主時的我們，也是習慣掌握自己的人生，我們不認為自己需要神，甚至把自己當作神。然而，信主是一個生命主權的轉換，從倚靠自己轉而信靠上帝。以色列人在曠野無法耕種，只能倚靠神全然的供應。從未踏出過埃及的以色列民，自然摸不著曠野的道路，只能憑著信心，跟隨雲柱、火柱前行。未受過軍事訓練的以色列民，遇見沙漠盜匪亞瑪利人的襲擊，唯有耶和華的保護，成為他們得勝的旌旗。於是以色列人在曠野中學會了完全交託、全然信靠。

你要專心仰賴耶和華，不可倚靠自己的聰明，在你一切所行的事上都要認定祂，祂必指引你的路（箴三 5-6）。還記得信主不久後，我的生命中也來到一處曠野，神在那裡陶塑我，更新變化我的心意，使我從內而外煥然一新，成為新造的人。接著我學習將生命的主權一樣樣交出，我的家庭、產業與人際關係，我的夢想、計畫和未來，我學習在一切所行的事上認定祂，跟隨祂的指引，走在合神心意的道路上。

看起來單調無聊的曠野，卻是我與神相遇的所在。因為單調，所以可以單純的信靠；因為無聊，所以可以心無旁騖的專心尋求。曠野也是操練我們活出聖潔、分別為聖的所在，學習與神同行，將神的話，活化在我們生命中，時時散發基督的馨香之氣，成為一個行動聖殿，叫人看見，真有神住在我們裡面。

往摩押的路程

如果說，神對我們每一個人都有獨特的呼召與美好的計畫，那麼神對以色列人的計畫就是：帶領他們進入流奶與蜜之地，也是神對亞伯拉罕、以撒、雅各的應許。神將以色列人帶離埃及，在曠野中受訓，為是要完成這個命定。於是以色列人穿越亞拉巴谷地，進入摩押山地，走在王道上的以色列人，即便受到以東人、摩押人的侵擾，也不願憑血氣而戰。然而當耶和華下達命令，以色列人便敲響戰鼓，展開得勝的旌旗，戰勝亞摩利人，得著河東地。

相同的，神對今日的我們，也有美好的旨意，得救只是開始，進入命定，完成呼召，活出得勝的生活才是我們的終極目標。爭戰屬乎耶和華，祂是我們的指揮官，順服與紀律是基督精兵的得勝關鍵。在生活中，在服事的道路上，起來迎戰，或是繞道而行，需要我們連於元首基督，聽命而行。

當我們與摩西站立在尼波山巔，眺望著那片應許之地，耳邊聽著神量給我們地界與產業，神的應許即將兌現。我期待，用信心之眼看見神國度的藍圖，聆聽祂的軍事命令與作戰策略，與祂的眾兒女們一起著上軍裝、展開得勝的旌旗，完成命定，為榮耀的君王耶穌，預備道路，等候祂的再來！願我們的生命，成為我主和主基督的國度！

重溫以色列人出埃及的旅程，反思我們的信仰經歷，許多情節不斷地挑旺我們愛主的心，也更能體會初信者的需要。若我們有機會領人信主，肩負牧養的職份時，應當懷抱牧者的心腸，扶持建造弟兄姊妹的屬靈生命，更要效法摩西不斷地謙和代求。若我們是屬靈的新生兒，就讓這段「出埃及、行曠野」的旅程，淬鍊我們的屬靈生命，使我們在基督耶穌裡，脫去舊人、穿上新人，成為新造的人！

從約旦河東眺望應許之地。

帶著聖經去旅行 ┃ 跟著摩西出埃及 （埃及、以色列、約旦）

Travel with Bible: the Path of Moses

作　　者／白碧香 Bi-Hsiang, Pai
攝 影 者／白碧香 Bi-Hsiang, Pai
版型設計／洪三貴
封面設計／洪三貴
出 版 者／白碧香 Bi-Hsiang, Pai
發 行 者／帶路國際商貿諮詢顧問有限公司
　　　　　台北市大安區羅斯福路三段 29 號 6 樓
　　　　　電話：02-2351-8797　　電郵：briecc.service@gmail.com
印　　製／橄欖出版有限公司 印務部
　　　　　新北市中和區連城路 236 號 3 樓
　　　　　電話：02-8228-1318

二〇二〇年十月初版　　　　·版權所有，翻印必究·

ISBN 978-957-43-7931-6　（精裝）
※　本書所引用之 Google Map 經 Google 授權同意使用。

國家圖書館出版品預行編目 (CIP) 資料

帶著聖經去旅行：跟著摩西出埃及 (埃及、以色列、約旦)／
白碧香著 .-- 初版 .--[新竹市]：白碧香出版；[臺北市]：帶路國
際商貿諮詢顧問發行，2020.10
288 面；16.5X23 公分
ISBN 978-957-43-7931-6　（精裝）

1. 旅遊 2. 聖地 3. 世界地理

719　　　　　　　　　　　　　　　　　　　　109011939